種籽文化

種籽文化

我們現在的樣子，
往往是自己曾經討厭的樣子

Be
Yourself

變成自己曾經討厭的樣子

hate

王國華 著

每個人都會變成
自己曾經討厭的樣子

我們不一定會變成自己想要的完美樣子，
卻都會變成自己曾經討厭的樣子，
然而，
只要我們懂得放下想要變成的樣子，
就會恍然發現，
變成自己曾經討厭的樣子，
其實也沒有想像中那麼糟糕。

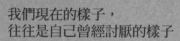

目錄

CONTENTS

第四章 想開點，日子就會好過一點 …… 115

第五章　沒有人喜歡太真實的真相……149

第六章　換個角度，人生開始不一樣……185

第七章　夢想本來就不容易實現……211

《作者序》

我們現在的樣子，往往是自己曾經討厭的樣子

我們不一定會變成自己想要的「完美樣子」，卻會變成自己曾經討厭的樣子，然而，只要我們懂得放下想要變成的樣子，就會恍然發現，變成自己曾經討厭的樣子，其實也沒有想像中那麼糟糕。

前幾年，為了兌現當初踏進文字工作時，對自己許下的承諾，跨行跑去當編劇，暫時停止已經持續十幾年的寫書出版工作，後來為了讓編劇與出版可以同時並行，遂於兩年前成立了外接「編劇」與「編輯」的4Cbok工作室，雖然在此期間，寫過兩本跟戲劇相關的新書，但在時空環境的變化以及年輕世代讀者閱讀習慣的改變，整體銷售成績並沒有像前幾年「全盛時期」那麼亮眼。

因此，這幾年的我並不忌諱別人在私底下說我只是一個「過氣暢銷作家」，但是，關心我的朋友都會向我勸說：「你幹嘛要這麼妄自菲薄？為什麼不為自己辯駁呢？你真的不擔心別人怎麼看你嗎？」

而我都會對這些關心我的朋友回說：「我並沒有妄自菲薄，我只是誠實去面對目前的自己是一個『過氣暢銷作家』的現實而已，所以，我才不擔心別人怎麼看我，而且，我覺得『過氣』這兩個字，剛好可以讓我更徹底地認清自己本來就沒有別人想像中的那麼好！」

●別人嘲諷你的材料，是你自己提供的

有句話說：「別人怎麼對你，是你教出來的。」而歷經了這幾年人生起起落落的我，體會到一句話：「別人嘲諷你的材料，是你自己提供給他的。」

譬如，這幾年我就曾經被某家出版社剛從大學畢業兩年，連一本書都沒做過的行銷企劃人員，當面嗆說我以前寫的那些暢銷書已經過氣，甚至還在開會的時候，

用一些書本上的行銷理論，教我怎麼撰寫封面文案。

我也曾經遇過原本還很熱情接待我的出版社老闆，在他的總編輯遞了一張紙條給他之後，立刻冷言冷語地對我說：「他們出版社可能不適合出我的書！」當時的我並不知道那個總編輯所遞的紙條上面到底寫些什麼？但從這個出版社老闆的反應來看，想必應該是前幾年我出過書籍的一些銷售數字吧！

後來我心想，不論是那個大學剛畢業的行銷企劃，還是那個出版社的老闆，他們嘲諷或拒絕我的「材料」，不都是我自己提供給他們的嗎？也就是如果不是我在這幾年的書籍銷售成績不如從前，他們也就找不到可以嘲諷或拒絕我的使力點。

所以，我並不怨恨那些曾經嘲諷我的人，但我也不會矯情到去感謝那些嘲諷自己的人。

然而，我卻從那些嘲諷自己的言語，更加地認識到自己原本就沒有那麼好的事實，以及自己現在的樣子，往往是自己過去曾經討厭的樣子，譬如我現在是一個別人眼中的「過氣暢銷作家」，不就是自己過去曾經討厭的「樣子」。

●變成自己曾經討厭的樣子，其實也沒有想像中那麼糟糕

本書就是一本讓我們面對自己變成曾經討厭樣子的心靈療癒書。

書中的故事除了人名之外，其他都是真的，而之所以會將這些發生在生活中的真實故事寫進書中，主要是這些故事裏面的人和事，教我看到以前沒有看到的自己，以及體會到自己曾經討厭的樣子，往往就是現在或是未來的樣子，譬如有些人從小最不喜歡上作文課，長大之後，卻成為靠文字謀生的文字工作者；有些人從小最討厭在電視上每天噴口水的政客，長大之後，卻從政當上靠口水維生的民意代表……

我認為只要勇於去面對自己變成曾經討厭樣子的這個事實，其實，「變成曾經討厭的樣子」也未嘗不是一件「好事」，因為，這至少讓我們擁有「被自己討厭」的勇氣，更何況，自己曾經討厭的樣子，也並非完全一無可取。

本書從「不要害怕失去，該放下就放下」、「跌倒了，才有爬起來的機會」、「瞧不起你的人，是你教出來的」、「想開點，日子就會好過一點」、「沒有人喜歡太真實的真相」、「換個角度，人生開始不一樣」、「夢想本來就不容易實

現」，以及「偶爾做一下自己討厭的樣子」八個單元所衍生出來的「被自己討厭的七十種勇氣」來間接告訴讀者，我們不一定會變成自己想要的「完美樣子」，卻會變成自己曾經討厭的樣子，然而，只要我們懂得放下想要變成的樣子，就會恍然發現，變成自己曾經討厭的樣子，其實也沒有自己想像中那麼糟糕。

第一章

不要害怕失去，該放下就放下

越害怕失去，就越會讓自己受盡比失去還要痛的痛苦，
俗話說：「長痛不如短痛。」
因此，我們何不勇敢地放下那些會讓自己害怕失去的事情呢？

1、越是該放下的東西，偏偏就是放不下

放下這個放不下的東西，你的人生就會「世界末日」嗎？如果不會，那到底還有什麼天大的理由，讓你不肯放下？

週日的早上，跟太太去爬山之前，先到登山步道附近的早餐店吃早餐。由於，這家早餐店的生意很好，我們在點完餐之後的半個小時，所點的早餐才陸續送到桌上，但也許是生意真的太好，店裏的人手不足以應付，以致於明明我點的飲料是冰豆漿，店員送到我桌上的飲料卻是冰奶茶。

當時的我，原本已經為了送餐太慢有點不高興了，再加上送錯飲料，讓我對這家早餐店的服務效率和品質更加不滿意，因此，就匆匆地將早餐吃完，準備結帳走人。豈知，在結帳的時候，櫃台的收銀人員，竟然還找不到我們點餐的單子，當時

頗為不耐的我，只好耐著性子將剛才所點的早餐，一項一項地唸給收銀人員聽，這才順利完成結帳。

好不容易結完帳，走出早餐店，我就跟太太說：「以後不要到這家早餐店吃早餐了。」

爬完山，在回家路上，經過早餐店，我又跟太太抱怨說到這家早餐店的服務品質怎麼會這麼差？

太太聽了，並沒有附和我的抱怨，只是淡淡地向我說了一句：「你剛才吃的早餐，到現在還沒有消化完嗎？」

我在聽完太太這句頗富禪意的話語，頓時，才恍然悟出一個原本就應該知道的道理，那就是我們經常不肯去「消化」自己看不順眼的東西，以及不肯去放下那些不如己意的事情，以致於讓這些「不順眼」和「不如己意」的事物，一直囤積在自己的「腦袋」，而且，越積越多，最後在「消化不良」的情況下，當然就會讓自己經常會為了一些「小事」生悶氣，甚至大發脾氣。

「放不下」真的會比「放下」還要快樂嗎？

「越是該放下的東西，越是放不下。」這是每個人在面對「放下」這門功課的時候，都會有的盲點，因此，當你一直放不下自己想放下的東西時，不妨先在心中問自己以下三個問題：

一、這個放不下的東西，對自己真的很重要嗎？真的重要到讓你不顧一切，也要將它緊緊握在手中嗎？

二、如果放下這個放不下的東西，你的人生就會「世界末日」嗎？如果不會，那到底還有什麼天大的理由，讓你不肯放下？

三、緊緊握住這個放不下的東西，真的會比放下還要快樂嗎？

如果，以上三個問題的答案，都是否定的話，那試問還有什麼東西，會你放不下的呢？

被自己討厭的第1種勇氣：

放下那些緊緊握在手中的東西

如果肯深入研究分析那些讓自己放不下的東西，就會恍然發現，這些讓我們曾經緊緊握住不想放下的東西，往往對自己並不是那麼重要。

2、我們都不想吃虧，卻拚命佔別人便宜

在人生大賣場中，為了讓自己不被對方佔便宜，大都會在「交易」過程中，在臉上戴著一副不希望對方吃虧的「面具」，但是，內心卻都抱著一個絕對不讓對方佔自己便宜的「算盤」。

前幾年，到北京出差，在出差結束的前一天下午，北京的朋友帶我到當時還沒拆掉的麗水街，由於，我是第一次到麗水街購物，北京的朋友就跟我耳提面命地說，麗水街店家的貨品訂價，通常都會訂得比進價的成本高出好幾倍，待會我如果看上什麼東西，就將貨品訂價，打個三折甚至兩折來當成出價的價錢。

當時，我一聽要將貨品的訂價打個三折甚至兩折來出價，便跟北京的朋友說，真的可以這樣出價嗎？店家那些老闆不會把我當成「奧客」嗎？

北京的朋友回我說：「沒事！到麗水街如果不這樣殺價，這些店家老闆非但不會感激你，反而還會私底下笑你是一個呆子。」

沒想到北京朋友的話一說完，才剛走進麗水街，立刻有一場典型的「麗水街殺價戲碼」呈現在我的眼前。

「老闆，這包包怎麼賣？」口音聽起來像是從台灣到北京玩的女孩子，拿起一個義大利知名品牌的A包向店家老闆問道。

「這包包，是從義大利進口的，算妳三百塊人民幣吧！」店家老闆答道。

這個女孩一聽到老闆開的價錢後，隨即將包包放下，準備轉身離開，店家老闆見狀，立刻跟這個女孩說：「小姐如果妳喜歡這個包包，那妳就出個價吧！」

原本已經要離開的女孩，便轉身向老闆說：「五十塊！」

店家老闆一聽到女孩開五十塊的價錢，隨即跟女孩說：「五十塊太低了，連三分之一的成本都不到，這樣吧，我賠點錢賣妳，這個包包就賣妳一百塊。」

女孩聽完老闆的第二次報價，立刻向老闆說：「如果六十塊可以，我就買，不然我待會還要去逛其他店，我可沒時間在這裏跟你殺價。」

店家老闆看到女孩的態度很堅決，於是就說：「這樣吧！我再賠一點，就七十塊成交吧！」

最後，這個女孩就用七十塊，也就是將近二點五折的價錢買到這個包包。

人生就是一個「討價還價」的「大賣場」

如果從某個角度來看，「人生」其實還蠻像一個討價還價的大賣場，也就是在人生大賣場中，不論我們是「買方」？還是「賣方」？為了讓自己不被對方佔便宜，大都會在跟對方「交易」的過程中，在臉上戴著一副不希望對方吃虧的「面具」，但是，內心卻都抱著一個如何不讓對方佔到自己便宜的「算盤」。

例如，如果你是上述故事的「賣方」遇到「買方」向你殺價，你一定會說目前這個價格，已經賠本在賣了，沒有再降價的空間了。

但實際上你開給對方的那個「價格」，可能還有三成以上的降價空間；如果你是上述的「買方」，遇到「賣方」不肯讓你殺價，你一定會向「賣方」說你之前買過同樣的東西，成交的價格只有他們的一半；但實際上，你之前根本就不曾用一半的價格買過同樣的東西。

被自己討厭的第2種勇氣：

吃自己絕對不會去吃的虧

什麼都吃就是不想吃虧的我們，每天一睜開眼睛，就一直在跟別人「討價還價」，譬如我們到市場買菜，會跟菜攤的老闆說：「能不能賣便宜一點？」到了公司，面對主管所交代的工作，會跟主管說：「能不能多給兩天時間來完成？」甚至買房子、買車子都不免要跟業務員「殺價」一番，換句話說，我們的人生其實就是用一連串的「討價還價」串連起來的。

3、誰都想撿到更大顆的「鑽石」

我們經常會為了期待更高的價錢、更好的待遇、更不錯的對象，才會讓自己經常錯失已經快到手的機會，進而讓自己永遠活在「早知道」的悔恨之中。

住家巷口有間一樓的店面，其鐵門上面掛著「出售」的牌子，已經掛了兩年多了。有一天，心血來潮的我，就用好奇的語氣，向這家店面的屋主問道：「為何這間店面，已經賣了那麼久的時間，還沒有賣出去，難道都沒有人來看過房子，出過價嗎？」

「當然有人來看過房子和出過價，只不過當時的我，都嫌對方出價太低，因此沒有賣成，不過，有時候回過頭想一想，還真是有點後悔，因為，當初有一個買方所出的價錢，其實，已經很接近我的底價了。」屋主回答：「只是當時的我還一直一廂情願地認為，應該還會有人出更高的價錢才對，哪裏知道接下來，景氣不好，房市跌入谷底，就再也沒有遇過比前述那個買方更高的價錢了。」

「如果，現在有買方出跟兩年前那個很接近你底價的價錢，你會把房子賣給他嗎？」我繼續向屋主問道。

「不會！」屋主不假思索地答道：「就算現在有人願意出兩年前，我所開出的底價，我也不可能賣。」

「為什麼不可能賣？」我用不解的語氣問屋主。

「因為，兩年前那個很接近我開的底價，甚至跟底價一樣的價錢，已經無法支付這兩年多以來，我每個月付給銀行的貸款錢了！」屋主用有點無奈的語氣答道。

下一個工作，真的會比現在更好嗎？

我們經常會為了期待更高的價錢、更好的待遇、更不錯的對象，才會讓自己跟已經「煮熟的鴉子」擦身而過；我們經常為了期待能夠撿到更大顆的「鑽石」，才會讓自己經常錯失已經快到手的機會，我們經常會有「下一個工作，真的會比現在更好」或者是「下一個價錢，也許真的會比現在更高」的盲點，才會讓自己活在

「早知道」的悔恨之中。

問題是有時候連老天也無法向我們保證下一個更好的工作，下一個更高的價錢，到底會在何時出現？我們又何必一天到晚，自以為是的去做一些連老天都無法掛保證可以做到的事呢？

被自己討厭的第3種勇氣：

不做沒有意義的「期待」

與其盲目地期待下一個不可知的未來，還不如好好用心地把當下的工作，變成最好的工作，與其盲目地期待下一個價錢一定比現在高，還不如好好努力地把當下的價錢，變成最高的價錢。

4、別被自己的執著，導航走進死胡同

當我們遇到越是熟悉的問題，通常越容易鑽進牛角尖；當我們遇到越有把握的事情，往往越容易被自己用「執著」打造的「心靈導航」，導進死胡同。

春雨濛濛的週末早上，我跟太太開車到市區，準備去看早場電影。

當我們把車子開進市區的巷弄，開始用雙眼左右搜尋兩邊的停車位時，卻發現巷弄兩邊的停車格，都已經停滿車子。

於是，我就向太太，可能是因為今天的天氣又溼又冷，大家都躲在家裏睡大頭覺，沒有外出，所以，今天的車位才會那麼難找。

但是，我的太太卻有不同的見解，她跟我說：「就是因為天氣又溼又冷，想要出門吃飯的人，就會開車去吃，所以我們多繞幾條巷子，幸運的話，搞不好就會遇到正好要開車出門吃飯的人，所空出來的車位。」

平時，總是相信自己的直覺，總是認為自己的判斷很少出錯的我，隨即脫口說道：「怎麼可能會那麼剛好，就被我們遇到正好要開車出去的人？」

豈知，我的話剛說完，還不到三分鐘的時間，果然在前面十公尺的停車格，就真的有一輛車開了出去。

遇到熟悉的問題，不妨先將「標準答案」放在一旁

相同的一件事，通常因為我們懂得用不同的角度去觀察，因而會有完全不同的結果發生，同樣一件事，往往因為我們懂得轉個念頭，原本認為不可能發生的「好事」，就會神奇地出現在我們眼前。

就拿我跟我太太開車找停車位的這件事情來說吧！如果我一直認為自己那個「可能天氣不好，所以大家都躲在家裏不出門」的判斷沒有錯，而不想改變念頭，來採納我太太的另外一種角度的想法，我們可能早就放棄繼續在巷弄中，找尋不用停車費的車位，轉而將車子開去停一個小時，至少必須付八十元停車費的停車場了。

其實，不想輕易改變自以為不會有錯的念頭，通常都會被我們莫名地當做「堅持」來堅持，殊不見，不論是「鑽進牛角尖」或「走進死胡同」的原因，不都是出在對自己所面臨的問題，太有把握，才會自以為是地認為自己的「直覺」一定不會有錯，進而跟著自己的錯誤直覺，進入「如果『開始』這樣，那麼『結果』一定會那樣」的框框中。

被自己討厭的第4種勇氣：

不被「執著」牽著鼻子走

我們總是會把自己的「執著」當做「聖旨」來奉行，總認為自己的「執著」一定沒有錯，但事實證明，讓我們陷入人生困境的，往往就是那些自以為是的執著。

5、每個人都必須放自己幾天「無心假」

每個月必須要有兩、三天讓自己的心在完全放空的狀態下，將堆積在內心的不必要東西，全部清空，如此，腦袋中才會有更大的空間，去容納對自己真正有幫助的東西。

前幾年因為全球景氣長期低迷，因此，台灣很多高科技產業，在工廠接單量不足的情況下，為了節省人事開銷，紛紛放起「無薪假」，導致很多昔日的科技新貴，都在「無薪假」期間，淪落到夜市賣起炸雞排和珍珠奶茶，有些科技新貴，為了不讓家人知道自己被公司放「無薪假」，甚至，還每天早上穿著西裝，打著領帶，然後，到超商買一份報紙和早餐，到公園當起「假上班族」。

有一天，有位以前大學的同學，突然打電話約我出來敘敘舊，我問他怎會有空在上班的時間，約我出來喝咖啡？難道他不用上班或是翹班嗎？

我這個大學同學，回我說：「因為，他被公司放『無ㄒㄧㄣ假』。」

我聽了之後，立刻回他說：「不會吧，你們公司不是一家文創公司嗎？怎麼也學起那些科技產業放起『無薪假』呢？」

大學同學回說：「我想你應該誤會我的意思了，我剛才說我被公司放『無ㄒㄧㄣ假』，那個『ㄒㄧㄣ』是心靈的心，不是薪水的薪。」

我問說：「什麼？你是說你們公司放你『無心假』，不是『無薪假』，那可以告訴我什麼是『無心假』？」「其實，『無心假』是我們公司老闆獨創的一種讓員工，可以在繁忙的工作之餘，完全把心放空的假，因為，我們老闆長期學佛，經常會定期到山上的禪寺去閉關，他認為每個員工每個月都必須要有兩、三天時間，讓心靈在完全放空的狀態下，將堆積在內心的不必要東西，全部清空。因此，在每個月這兩、三天『無心假』期間，公司絕對不會打電話或是寄跟工作有關係的mail給員工，以讓員工可以完完全全不用把心放在工作上。」

大學同學語畢，看見我用一種非常羨慕的眼神看著他，隨即又接著說道：「如此一來，每個員工在休完『無心假』之後，腦袋才會有更大的空間，去容納接下來對自己工作真正有幫助的事情，這就像電腦的硬碟，每隔一段時間，要將一些不必要的檔案清除掉一樣，以便讓硬碟有更多的空間，可以儲存一些真正需要的檔案。」

除了「用心」之外，偶爾也要讓自己「無心」一下

在日常生活中，我們在長期「專心」於自己的工作之餘，偶爾也要讓自己「無心」一下，也就是可以學學我那位大學同學的老闆一樣，放自己幾天「無心假」，讓自己長期緊繃的身心獲得適度的舒緩。

這樣一來，才能讓自己有更大的心靈空間，去接受和儲存對自己更有用的東西，進而讓自己可以在「無心」的狀態下，過著沒有壓力的淡樂生活。

被自己討厭的第5種勇氣：

三不五時讓腦袋放空一下

你有多久沒有清除堆積在內心的不必要東西？如果想讓腦袋有更多的空間容納更多對自己有用的東西，不妨從現在開始，每隔一段時間，就放自己幾天「無心假」，將腦袋一些不必要的檔案清除掉。

6、因為害怕失去，不惜讓自己委屈

在人生過程中，很多讓我們痛苦和難過的事情，都是因為害怕失去，因而不想放下那些老早就必須放下的事情，才會造成的。

有次，我準備到出版社開編輯會議，沒有算準捷運站外面接駁公車的時間，只好坐上在捷運站外面排班的計程車，趕到出版社開會。

當我一坐進計程車，就聽到計程車司機正在聽一個專門開放讓聽眾call in進電台，請教愛情問題的電台節目？

而這時，剛好有位大約二十歲左右的小女生call in進這個電台節目，她跟主持人說目前她有一個交往一年的男友，但是她這個男友從來不會主動打電話給她，都是她每天打電話找他聊天，當主持人問她，難道她的男友真的從來沒有主動打過一次電話給她嗎？小女生想了一下，隨即答說，是有啦！只不過都是他在公司遇到一些不如意的事情，才會打電話來跟我發牢騷啦！

電台主持人聞言，立刻答說，妳的男友根本就是把妳當成他的「垃圾桶」，難道妳從來沒有問過他，為何他只會在想找人「倒垃圾」的時候，才主動打給妳？

這位小女生回說，我是有跟我男友溝通過這個問題，但是他跟我說，他之所以不會主動打電話給我，主要是因為他不擅於表達，不知道要跟我說什麼？而他在遇到不如意的事才會主動打給我，這是因為我是他最親密的人，也是唯一可以傾訴心事的人，因此，除了打電話找我「倒垃圾」外，他不知道還可以找誰？

電台主持人隨即向小女生回說，我並不認為妳的男友不擅於表達耶！反而覺得他還蠻會說話的。

其實，男女在交往過程中，應該是一種對等的關係，如果妳想跟妳男友繼續交往下去，應該想辦法讓他除了想找妳「倒垃圾」外，主動打給妳，例如妳可以試著一天都不要打電話給他，看他會不會主動打電話給妳？

豈知，這個小女生卻回說，主持人妳講的這個方法，我以前試過了，我的男友確實在我整天沒打電話給他的當天晚上，主動打了一通電話給我，只不過，他在問完我跑哪裏去了，為何一整天都沒有打電話給他之後，立刻又接著向我說，妳知道嗎？妳一整天沒打電話給我，害我都不知道要找誰說我公司那個機車主管如何刁難我的事。

小女生語畢，電台主持人便向這個小女生說，我建議妳從明天開始，不要再主動打電話給妳的男友了，讓他主動打給妳，如果他還是一樣講沒兩句，就又開始向妳「倒垃圾」，妳可能就要好好考慮，是否要跟妳男友繼續交往下去。

但是，這個小女生卻回說她不敢這樣做……她怕這樣做，會因此失去了她的男友。

寧願失去，也不要做出委屈自己的事情

其實，我們都因為害怕失去某個心愛的人、某種心愛的東西，因此，都會像這位call in進電台的小女生一樣，不惜做出一些讓自己委屈的事情。

但是，我們是否曾經想過，在人生過程中，很多會讓我們痛苦和難過的事情，不都是因為害怕失去，不想放下那些老早就必須放下的事情，才會造成的。

被自己討厭的第6種勇氣：

不要害怕失去那些對自己有利的東西

越害怕失去，就越會讓自己受盡比失去還要痛的痛苦，俗話說：「長痛不如短痛。」因此，我們何不勇敢地放下那些會讓自己害怕失去的事情呢？

7、把心「放空」，才能海濶天空

「退一步」充其量只能讓自己暫時「海濶天空」，一個人要做到真正的「海濶天空」，應該是要讓自己的心靈完全歸零，讓自己的心靈徹底放空。

我在前幾年出版的《心靈泡湯》作者序中，曾經改寫過一個禪宗的故事，其內容大概是說：

有次，洗空禪師向弟子擎銘問道：「一個人該如何做，才能海濶天空？」

弟子擎銘聞言後，心想師父問他的這個問題，未免也太簡單了，於是，他信心滿滿地答說：「一個人只要懂得退一步，就能讓自己海濶天空。」

豈知，洗空禪師卻對他說：「不對！你的答案只對了一半。」

擎銘聽完師父的話，立即用不解的語氣問道：「師父，為何我只答對了一半？」

洗空禪師聞言，隨即用帶點禪意的語氣答說：「因為『退一步』只能讓你暫時的『海闊天空』，一個人要做到真正的『海闊天空』，應該是『把心放空』，也就是讓自己的心靈徹底放空到沒有任何的妄念和雜質。」

其實，「退一步，才能海闊天空」的道理，每個人都懂，但是，如果想真正做到「海闊天空」，光是「退一步」還是不夠，因為，當我們在「退一步」的時候，內心或多或少還是會算計著「退一步」之後，自己會得到或失去那些應該得到的東西，因此，「退一步」充其量只能讓自己暫時的「海闊天空」。

一個人要做到真正的「海闊天空」，應該是要讓自己的心靈完全歸零，讓自己的心靈徹底放空，因為，只有在心靈沒有任何雜質妄念，沒有任何利害算計的情況下，才能讓自己因為「在乎」所產生的「心靈得失」減至最低。

「空」並不是「無」，而是「無限」

當我們準備要讓心靈「放空」之前，必須先搞清楚什麼叫做「空」？

一般人對「空」的認知，就是什麼都沒有，例如當我們看到喝完的啤酒瓶，就會說這個啤酒瓶是空的瓶子，當我們看到在廢車回收廠，被拆解到只剩下車殼的車子，便會說這部車子是空的車子。

但實際上不論是這個喝完的啤酒瓶，或是被拆解到只剩下車殼的車子裏面，都還是有空氣存在，並不是我們所認為的「空」，因此，我們不能盲目地說什麼都沒有，就是空的，我們不能只是因為自己看不見空氣，就理直氣壯地說它一定就是空的。我個人認為真正的「空」，應該是可以容下所有我們認為容不下的東西，也就是說「空」並不是什麼都沒有，而是它擁有能夠容納所有東西的無限空間，因此，如果依照這個對「空」的解釋，那麼「把心放空」的真正意思，應該就是試著把自己的心「放空」到可以接受萬事萬物的「真空狀態」。

被自己討厭的第7種勇氣：

在自認為不該「放空」的關鍵時候，選擇放空

一個人要做到真正的「海濶天空」，應該是要讓自己的心靈完全放空，換言之，當我們的心「空」到可以接受外在所有不管是好的，或是壞的東西，都不會受到影響的時候，自然而然，就可以讓自己的心達到「海闊天空」的境界。

8、再輝煌的過去，也只是早就該丟掉的垃圾

只有放下過去那些不論是好的或是壞的一切，你的人生才能繼續的往前走下去。

學弟俊雄在當兵退伍後，進入一家售車中心當起賣車的業務專員，由於，他的表達能力好，又很容易跟第一次見面的客戶打成一片，因此，他在進入公司的第三年，每個月的賣車業績，幾乎佔了售車中心業績的一半以上，但也因為他的業績太過耀眼，一些忌妒他的同事就開始在私底下，散播「俊雄自以為自己打下整個售車中心一半以上的業績。

因此，售車中心的主任應該換他來做。」而這個「功高震主」的流言，當然也傳到售車中心主任的耳中。

隔月，售車中心主任就以總公司有一個行銷企劃的職缺，想從各地售車中心，

挑選一個優秀業務專員來出任的理由，便將不熟悉企劃工作的俊雄調到總公司，導致俊雄因欠缺企劃能力，因此，調到總公司不到半年，就自己打辭呈走人。

學弟俊雄在遞辭呈辭職後，曾經找過我到咖啡店喝下午茶，並將他如何被陷害，讓他被迫辭掉工作的經過告訴我，當時的我，以一個也曾經有過相同遭遇的過來人身份向他勸說：「既然事情已經發生，再如何咒罵那些陷害你的人，也無法改變既成的事實……不如就將它放下吧！」

放下，沒有那麼簡單，但也沒那麼困難

兩年後，我在咖啡店再度遇見俊雄，於是，就問他目前在哪裏工作？豈知，俊雄卻跟我說他目前還在待業中，因為，只要他一想起之前還在當超級售車業務員的時候，每個月領七、八萬元薪水，就對這一、兩年，一些每個月只有兩萬五千元的工作，興趣缺缺。我聽完俊雄的答話後，就跟他說：「你根本就沒有將之前我勸你『放下』的話聽進去。」

俊雄聞言，隨即回說：「學長，我有啊！我有聽你的話，放下對售車中心那些陷害我的人的怨恨啊！」

我見俊雄似乎對我叫他放下什麼，不是搞得很清楚，索性就跟他講了一個我自創的禪宗故事，故事的內容，大略如下所述：

有次，徒弟清源一邊抱怨寺廟裏的垃圾每次都是他負責清理、一邊拿起門外的一袋垃圾準備去倒垃圾，洗心禪師見狀，隨即向他說道：「放下！」

清源聞言，立刻將手上垃圾袋放在地上，豈知，洗心禪師又開口說：「放下！」

清源聽了之後，頗為不解地向洗心禪師問道：「師父，我已經放下手上的垃圾袋，您還要叫我放下什麼呢？」

「當然是叫你放下你現在還沒放下的心中『垃圾』！」洗心禪師說道。

俊雄聽完我講的故事後，立刻跟我問說：「學長，你說這個故事，是不是想告訴我，必須放下過去我在售車中心的所有一切，包含過去的豐厚收入……」

「沒錯！只有放下過去那些不論是好的或是壞的的一切，你的人生才能繼續的往前走下去。」我用語重心長的語氣說。

被自己討厭的第8種勇氣：

放下那些「想當年」的輝煌過去

越是輝煌的過去，越是會成為現在的負擔，如果想讓自己過的輕鬆自在，就毅然決然地放下這些引以為豪的過去吧！

9、別讓明天的煩惱，在今天提早出生

我們一天到晚，只會將「注意力」放在那些自我執著與自己在乎的事情。所以，才會在擔心這些自己在意的事，做得不夠好，或是那些自己在乎的事，無法達成預設目標的情況下，進而產生所謂的煩惱。

有位做電子書的朋友阿哲，生平第一次接受電台的通告邀約，可是他以前從來沒有接受過電台訪問的經驗，因此，打電話來問我說：「該怎麼辦？」

我就在電話中跟阿哲說：「如果你擔心在訪問的過程中，不知道如何回答主持人突然丟出來的問題，或許可以請主持人先將當天要問你的問題，寫成mail寄給你，讓你可以事先準備。」

「有啊！我已經請主持人將他當天準備問我的問題寄mail給我，而且，我也已經將這些問題的答案，打成電腦列印出來，可是我光是背那些問題的答案，就背到讓我一個頭兩個大，好煩喔！」

我聽完讓阿哲煩惱的原因後，便在電話中跟他說：「沒有人叫你背稿子，其實，到電台接受訪問，讓自己不緊張的正確作法，應該是將你準備回答主持人的答案，融會貫通，變成像自己平常跟別人聊天的『語言』，然後，在上電台節目接受訪問時，用最自然的方式表達出來。」

「但問題是要如何把將近五頁A４紙的答案，用最自然的方式表達出來。」阿哲用有點苦惱的語氣問道。

「這個問題並不困難，當你接受電台主持人訪問時，你只要回答你知道的事情就可以了。」我說。

三天後，阿哲打電話給我，他用興奮的語氣跟我說：「我剛才已經到電台上完通告了，我按照你教我的方法，在回答主持人的問題時，只講自己知道的事，果然就沒有那麼緊張，原來到電台受訪，並沒有像想像中的那麼困難，害我白白煩惱了好幾天。」

擔心該煩惱而沒有煩惱到的事，真的會在自己的意料中發生

有句話說：「我們經常在做著讓昨天的煩惱在今天復活，讓明天的煩惱在今天提早出生的蠢事。」然而，我們為何會去煩惱那些根本不會發生的事，其實，原因就出在我們一天到晚，只會將自己的「注意力」，放在那些自我執著與自己在乎的事情。

所以，才會在擔心這些自己在意的事，做得不夠好，或是那些自己在乎的事，無法達成預設目標的情況下，進而產生所謂的煩惱。

令人諷刺的是，明知不該煩惱無謂煩惱的我們，又往往會用一些冠冕堂皇的藉口，來「合理化」自己為何要去煩惱那些根本不需要去煩惱的煩惱。

說穿了，還不都是因為我們擔心萬一自己該煩惱而沒有煩惱到的事情，真的會在自己的意料中發生。

被自己討厭的第9種勇氣：

不去做最壞的打算

每個人都知道，自己每天煩惱的事，通常十件當中，有九件不會發生，即便如

此，我們每天還是在煩惱那些不該煩惱的事，而原因其實就出在我們凡事都喜歡做最壞的打算。

10、每天汲汲營營，到底為了什麼？

在這個「做每件事情，都一定要有目的和動機」的人性社會，我們每天汲汲營營忙著工作賺錢的最終目的，說穿了不就是為了在將來能夠擁有一個可以盡情享受生活，像「普羅旺斯」一樣的地方。

有次，我在小說班同學每個月召開的一次讀書會當中，分享了由影星羅素克洛擔綱男主角的《美好的一年》這部電影。我跟讀書會的同學說：「影星羅素克洛在《美好的一年》這部電影當中，飾演一位倫敦銀行的高級專員，在劇中他面臨了到底是要留在倫敦繼續過的那種多金和浪蕩不羈的生活，還是回到法國的普羅旺斯繼承過世的叔叔留給自己的葡萄酒莊園的『兩難選擇』……」

這時，有位同學就問說：「這的確很難選擇，羅素克洛最後選擇了哪一種？」

「其實，在劇中的羅素克洛，曾經幾度想過要繼續留在倫敦過那種多金和浪蕩不羈的生活，但是當他陷入天人交戰之際，回憶起叔叔以前曾經跟他說過：在這個世界上，再也找不到一個地方像普羅旺斯一樣，讓人們可以不忙碌地盡情享受生活。」

我回說：「羅素克洛也就是因為叔叔的這句話，最後毅然決然地選擇回到法國的普羅旺斯，繼承過世的叔叔留給自己的葡萄酒莊園。」

我以前讀過一則現代寓言故事，跟上述《美好的一年》這部電影想要傳達給觀眾的意思雷同，這則故事的內容大意是說，有一個四十幾歲的中年男子，有一天突然想通一個問題，於是就辭掉那個每天上班時間長達十二個小時的工作，然後，每天到公園裏面散步、遛狗，過著悠哉生活，關心他的朋友向他問說：「他到底發生了什麼事，怎會突然辭去工作，每天就只會在公園裏面晃來晃去呢？」

豈知，中年男子卻反問關心他的朋友：「你先告訴我，我們每天汲汲營營辛苦工作，到底是為了什麼？」

他的朋友回說：「為了讓自己將來退休後，擁有一個悠哉的無憂無慮生活。」

中年男子回說：「既然如此，那麼我直接跳過『工作』這個階段，讓自己每天到公園散步，過著悠哉的無憂生活，又有什麼不對呢？」

夢寐以求的「普羅旺斯」，一定要在賺夠錢之後才能實現嗎？

在這個「做每件事情，都一定要有目的和動機」的人性社會，我們每天汲汲營營地忙著工作，忙著賺錢的最終目的，說穿了不就是為了讓自己在將來能夠擁有一個不忙碌，可以盡情地去享受生活，像「普羅旺斯」一樣的地方。

但是，當我們每天忙碌工作和賺錢之餘，是否曾經捫心自問過，自己以後想追求的「普羅旺斯」般的生活，真的必須在賺夠錢之後的將來，才能實現嗎？

有時候，我們或許只要暫時停下忙碌的腳步，也許就會恍然發現，自己夢寐以求的可以盡情享受人生的「普羅旺斯」，其實就在自己的心中。

被自己討厭的第10種勇氣：

把「功成名就」當做一場空

暫時放空一下心中那股追求功成名就的慾望，就會發現夢想中的「普羅旺斯」跟自己的距離，並沒有想像中那麼遙遠。

第二章

跌倒了，有爬起來的機會

在人生過程中，難免都會不小心跌跤……
但如果只會一味地把自己跌跤的責任推給「地不平」，
甚至是推給別人，這對我們「跌跤」的事情，
一點幫助都沒有……更何況，
只有「跌倒了」才會讓自己有「往上爬起來」的機會。

11、拆掉害怕受到傷害的「心牆」

每個人內心的「邊界」，其實是為了不受到傷害，所構築的一道自我防衛的「心牆」，只要可以向對方保證絕對不會做出傷害他的事，應該就可以順利拆掉對方內心用來保護自己不受到傷害的「邊界」。

有次，我的寫作班同學，在下課之後，約我到咖啡店，然後，開門見山就問我：「他該如何跟自己媽媽相處的問題？」

我便用關心的語氣向他問說：「你跟你媽媽之間的相處，到底出現什麼問題？」

寫作班同學回說：「最近這幾年，我的媽媽只要一抓到機會，就會一直責罵我，而且，每次只要我晚一點回家，就會罵我跟我那個十年前拋妻棄子的爸爸一個樣子。還說我要不要乾脆就學我那個不負責任的爸爸一樣，出去之後，就永遠不要再回來了。」

我聽了之後，就跟他安慰說道：「你的媽媽會這樣講你，其實，是另外一種關心你的方式，只是她不像其他父母習慣用關愛語言來表達而已，然而，她的最終目的，還不就是擔心你太晚回家，會在外面發生什麼意外或傷害。」

「是這樣子嗎？」寫作班同學問說：「那我要如何做，才能讓我的媽媽跟一般父母一樣，用關愛的語言來關心我呢？」

我回說：「你可以試著拆掉你媽媽心中那道用來保護自己不受傷害的『邊界』。」

寫作班同學不解地問說：「拆掉我媽媽心中那道『邊界』？要用什方法拆？」

我回說：「方法很簡單，你可以試著用自己的表現，來讓她對你放心，讓她覺得你絕對不會像你爸爸一樣，做出讓她受到傷害的事，如此一來，就可以拆掉她心中那道用來保護自己不會受到傷害的『邊界』！」

用「關心」來拆掉別人用「擔心」所構築的「心牆」

曾經入圍奧斯卡金像獎最佳導演的崗札雷伊納利圖，在電影《火線交錯》殺青之後，接受專訪時說道：「其實，真正的邊界，並不是在實體的世界裏，而是在我們每個人的心裏。」

我們經常會以為自己跟別人之間的「邊界」，是彼此在不同的生活環境中成長，才會有所謂的隔閡或代溝的「邊界」存在，其實不然，因為，這種「邊界」，只是一種非常虛浮的「邊界」，只要雙方透過交往、熟識彼此的生活習慣和想法，就可以輕易地拆掉這種用隔閡或代溝所構築的「邊界」。

其實，每個人內心的真正「邊界」，應該是為了用來保護自己不受到傷害，所構築的一道自我防衛的「心牆」。

因此，只要我們可以發自內心關心對方，並向對方保證絕對不會做出傷害他的事，就可以順利拆掉對方潛藏在內心深處，那一道用來保護自己不受到傷害的「心牆」。

被自己討厭的第11種勇氣：

動手拆掉把別人隔絕在外的「邊界」

每個人內心都有一道為了保護自己所構築的邊界，只要你能做到讓他安心，保證不讓他受到傷害，就能順利瓦解他用來預防自己受到傷害的「心靈邊界」。

12、不要拿「景氣不好」做為失敗的藉口

在這個經濟長期不景氣的年代，「景氣不好」這四個字，頓時，已經成為各行各業無法達成業績目標的最好用藉口，但凡事都推給「景氣不好」，卻是一種不想真正去面對問題的駝鳥心態。

有個開咖啡店的朋友，打電話約我到他開的咖啡店，當我依約定時間到達時，卻發現他的咖啡店，在下午茶的時段，竟然沒有幾桌客人，於是，我跟朋友問說：「你以前的客人都跑哪裏去了，怎會跟我去年來的時候，相差這麼多呢？」

朋友回說：「兩個月前，我們這裏的巷口新開了一家便利超商，相信你剛才來的時候，應該有看到，由於，這家便利超商有附設十幾張左右的桌椅，再加上超商一杯咖啡賣不到五十元，因此，想邊喝咖啡、邊跟朋友聊是非的客人，都跑到那家

便利超商去了。」

我向朋友問說：「是嗎？那你有沒有想過讓原來客人回籠的因應策略？」

「有，我打算將原本一杯賣一百元的黑咖啡降價，全部賣四十九元來跟巷口那家便利超商拚一下。」朋友語畢，隨即又補充說道：「畢竟現在經濟那麼不景氣，不賣低價，根本賣不動啊！」

我聽了之後，不以為然地回說：「如果我是你的話，非但不會將咖啡的價錢降低，反而會逆向操作，推出比原來咖啡更高價位的咖啡，來跟巷口那家便利超商所賣的廉價咖啡，做市場區隔。」

朋友回說：「可是現在經濟這麼不景氣，消費者根本沒錢喝訂價那麼昂貴的咖啡。」

「我認為重點並不在於消費者有沒有錢喝那麼貴的咖啡，而是，你是否能夠堅持當初開咖啡店的初衷，用心認真地做出讓消費者覺得即便再貴，也絕對值得從口袋掏錢買來喝的好喝咖啡。」我回說。

「機會」永遠屬於懂得堅持初衷、不輕言放棄的人

以模仿「蔡康永」相似度接近百分九十的演員許傑輝，前幾年在目前已經停播的「全民亂講之全民大悶鍋」播滿一千集的時候，回首自己過去參與這個節目，四年多的日子，有感而發地對記者說道：「景氣不好的時候，肯努力打拚的人，一定會被看見。」在這個經濟長期不景氣的年代，「景氣不好」這四個字，頓時，已經成為各行各業無法達成應該達成業績的最好用藉口，但凡事都推給「景氣不好」，卻是一種不想真正去面對問題的鴕鳥心態。

其實，景氣越是不好，對一個懂得用心和努力的人，越是展現自己實力的絕佳時機。

因為，在景氣好的年代，各行各業欣欣向榮，你的努力通常會被埋沒在遍地「榮景」之中，但在景氣不好的時候，只要你懂得堅持初衷、不輕言放棄。

而且，比別人更努力認真地做好原本就該做的事，那麼別人即便想對你的表現「視而不見」都很困難。

被自己討厭的第12種勇氣：

勇敢承認不是「景氣不好」而是「努力不夠」

有句話說：「景氣越是不好，越是不能放棄努力，因為，只有景氣不好，你才有可能超越景氣好的時候，永遠也無法超越的對手。」因此，只要肯努力，景氣不好的年代，正是你讓自己翻身的最好時機。

13、害你跌倒的不是別人，而是自己

在人生過程中，難免都會不小心跌跤……但如果只會一味地把自己跌跤的責任推給「地不平」，甚至是推給別人，這對我們「跌跤」的事情，一點幫助都沒有。

有次，在咖啡店寫稿的時候，看到有個年輕媽媽帶著一個大約兩、三歲的小兒子，一起跟她的幾個姐妹淘喝下午茶。

這位年輕媽媽，可能很久沒有跟姐妹淘一起喝咖啡、聊是非，因此，從女明星的事業線、馬甲線，一路聊到總統女婿的人魚線……最後連中年男人的攝護線，都成為配咖啡的話題。

話匣子一開就聊著不停的年輕媽媽，就把她的小兒子晾在一旁，甚至，還放任他在旁邊的椅子上面，重覆地爬上來又跳下去，導致到最後她的小兒子，因為，重心不穩，突然從玩耍的椅子上面摔到地上，並坐在地上嚎啕大哭了起來。年輕媽媽見狀，急忙將跌倒在地的小兒子抱到懷裏，然後，用安撫的語氣向小兒子說道：「小寶不哭不哭，小寶……摔到哪裏了，小寶乖乖，媽咪呼呼……都是椅子壞壞，害小寶摔摔痛痛……」

這位年輕媽媽還邊說，邊用手做出打那張摔痛小兒子的椅子動作。

其實，這位年輕媽媽可能想都沒有想過，她為了安撫小兒子，隨口說出的「都是椅子壞壞，害小寶摔摔痛痛」的這句話，可能會在小兒子的成長過程之中，造成無法想像的影響。

因為，她的小兒子在長大之後，只要一遇到挫折失敗，只要在人生的道路上摔跤跌倒，閃過他腦海的第一個想法，可能不是去檢討自己是否有錯，而是，會認為自己會遭遇挫折，自己會在邁向成功的大道上跌倒，一定都是別人害他的，否則，他怎麼可能會平白無故地在成功的路上跌倒呢？

這就跟他在小時候，因為自己貪玩，從椅子上摔下來時，他媽媽跟他說的「都是椅子壞壞，害他跌倒」的道理是一樣的。

別訂一個再如何努力也無法達到的目標

在人生過程中，難免都會有不小心跌跤的時候，當我們不小心跌了一跤，如果只會一味地把責任推給「地不平」，甚至是推給別人，這對我們「跌跤」的事情，不僅一點幫助都沒有，反而會讓自己在同一個跌倒的地方，不斷地重覆跌倒。但是，如果我們可以試著轉個念頭，冷靜下來捫心自問，自己之所以會在邁向成功的路上「跌倒」，是不是因為自己用錯方法，或者是自己所走的方向不對，甚至是自己過於天真的高估了自己的能力，才會訂了一個即便再如何努力，也永遠到達不了，或是在到達目的之前，不斷地讓自己摔跤的目標。

換句話說，在人生路上害你「跌倒」的人，並不是別人而是你自己。

被自己討厭的第13種勇氣：

勇敢脫掉好不容易穿上的「鞋子」

當你在人生路上不斷「摔跤」，必須捫心自問是不是因為自己穿錯了「鞋子」？如果真的穿錯了「鞋子」，即便這雙「鞋子」是自己好不容易才穿上的，也要毅然決然地脫掉。

14、改變心情，不一定能改變事情

當我們面對任何不想面對的問題和難搞的人時，如果都能用跟熱戀中情人約會的心態去面對，相信在人生字典裏，就再也找不到讓自己難搞的人和不知如何面對的問題了。

假日的晚上，我跟太太到社區附近的一家涮涮鍋店吃火鍋。在吃火鍋期間，發現這家火鍋店的生意，好像變得比以前景氣好的時候，還要好，因為，晚上剛過了七點，火鍋店裏面，已經座無虛席。

當我正疑惑著為何火鍋店的生意會突然變得那麼好時，卻在火鍋店每個女店員的臉上，發現了一個以前沒有發現的奇特現象。

這個奇特現象，就是這家火鍋店所有的女店員，不論是年紀大的老闆娘，還是年紀輕的工讀小妹，全部都在自己臉上，化上那種只有出席宴會或者是跟情人約會，才會化上的妝。

好奇的我就利用火鍋店老闆娘來我們這桌加高湯的時候，特地向她問道：「你們火鍋店所有女店員的臉上，為什麼都化了那麼正式的妝？難不成待會你們店打烊之後，還要集體去參加友人的Party嗎？」

「我們沒有要去參加朋友的Party。」老闆娘說：「我們的女店員之所以會在臉上，化上看起來好像要跟情人約會才會化的妝，主要是因為我希望包括我在內的所有員工，都能夠用跟自己情人約會的心態，來招呼每個到店裏吃火鍋的客人，所以我才會要求我的女店員都必須在臉上化上妝，才能來上班。」

用跟熱戀中情人約會的心態，去面對自己不想面對的問題

其實，火鍋店老闆娘這句「女員工的臉上必須化上妝之後，才能來上班」的話語，聽起來好像沒有什麼，但實際上卻充滿智慧，也就是說這個老闆娘要求女員工上班之前，都必須化妝的這個動作，其主要目的，無非是希望女員工能夠把「工作」當成自己的另外一個情人，如果每個員工都能充分體會老闆娘的用意，也就可以讓自己每天抱著與情人約會的心情來工作了。

聽完火鍋店老闆娘的這席話，我這才終於瞭解這家火鍋店的生意，為何會突然變的這麼好的原因了，因為，每個化上妝的女員工都抱著「跟情人約會」心態來招呼客人，客人當然也會感受到店員的用心，因而，願意經常光顧這家火鍋店。

當天我吃完火鍋一回到家，隨即在我的部落格寫下：「當我們面對任何不想面對的問題和難搞的人時，如果都能用跟熱戀中情人約會的心態去面對，相信在我們的人生字典裏，就再也找不到讓自己難搞的人和不知如何面對的問題了。」

當然，有些讀者或許會覺得上述的這種想法，有些太「柏拉圖」、太不切實際……不過當你無法找到更好的方法來調整自己的心態之前，不妨就用這種「跟熱戀情人約會」的想法，來試著改變自己面對問題的心態吧！說不定會讓自己得到不錯的效果，但前提還是你想要改變，如果你不想改變，即使改變心情，也不能改變你想改變的事情。

被自己討厭的第14種勇氣：

把敵對的人的「缺點」都當成優點來看

如果每天可以用「熱戀」的心態去面對生活中的所有難題，再如何困難的問題都可以迎刃而解，如果可以將每個讓自己頭痛的人，都當成熱戀中的「情人」，自然而然就只會看到對方的優點，甚至將對方的「缺點」都當成優點來看。

15、曾經犯錯的人，才知道如何把事情做對

想成功，必須先搞清楚自己過去為何會失敗，以及自己到底從這些失敗中，學到什麼寶貴經驗。

週休二日的午後，我跟友人周董約在咖啡店喝下午茶時，隔壁桌客人帶來的兩個小孩子，在咖啡店裏嘻笑打鬧，絲毫不顧周遭還有其他客人。

周董見狀，便有感而發地說：「這兩年，我公司應徵進來的年輕人，不僅抗壓性不足，隨便講他兩句就受不了，而且，還喜歡動不動就將自己的問題推給別人，十足就像一些長不大的小孩，難怪大家都會用『草莓族』或『豆腐族』來形容這一代的年輕人。」我聽了後，就回說：「周董，你們公司的年輕員工，應該都得了一種病。」

周董問說：「什麼病？」

「這種病統稱為『彼得潘症候群』，症狀是害怕失敗，喜歡將自己應該負的責任全部推給別人。」我回說：「而且，這種病就連年紀大的人也會有，殊不見，有些人都已經快四十歲了，但不論是個性還是行為都表現得跟小孩子一樣幼稚。」

周董說：「沒錯！我的公司有些中階主管，有時候處理事情的態度，還真的跟你講的一樣幼稚、可笑。」

我回說：「其實，這要怪就得怪你當初在應徵人的時候，總是喜歡錄取那些過去有『成功經歷』的人。」

周董說：「這話怎麼說？哪家公司用人，不都是將過去有輝煌成績的人，列為優先錄取的條件嗎？」

「話是這樣說沒錯！」我說：「但也就是大部分公司的用人思維都朝向錄取過去有成功經驗的人，才會永遠看不到一張沒有『灌水』和『吹噓』的求職履歷表。」

「照你這樣說，難道我的公司以後要徵人，在應徵條件中要加一條『不能灌水和吹噓自己的經歷』嗎？」周董問說。

「這倒也不必！」我說：「不過以後你的公司要徵人，倒是可以請應徵者在自傳中，寫一段『曾經失敗過的事』以及他們在這個失敗中學到什麼？」

一個從來沒有失敗過的人，不可能獲得真正的成功

曾任微軟執行副總裁的邁克爾，有次被記者問到微軟的「用人哲學」時答道：「有一種人，我們絕對不用，這種人就是從來不會犯錯的人，因為，曾經犯過錯的人，才知道如何把事情做對，因此，我們在面試新人的時候，都會請求職者敘述他們過去做過那些錯誤的事情，以及從這些錯誤之中，學到什麼寶貴經驗？」

有人說：「一個從來沒有失敗過的人，不可能獲得真正的成功。」的確，一個想成功的人，必須先搞清楚自己過去為何會失敗，以及自己到底從這些失敗之中，學到什麼可以讓自己不再重蹈覆轍的經驗。

因為，這些在失敗中學到的經驗，往往就是未來的自己，是否能夠成功的最重要關鍵。

被自己討厭的第15種勇氣：

偶爾當一下自己討厭的「魯蛇」

你害怕當「魯蛇」嗎？其實，一個害怕當「魯蛇」的人，往往不懂得如何從失敗當中學習到讓自己獲得成功的關鍵經驗，因此，偶爾讓自己當一下自己討厭的「魯蛇」，也沒有什麼不好。

16、越瞭解你感受的人，越可能傷害你

想消除「不悅」的感受，或許可以試著將自己的注意力擺在不悅的感覺上面，你會發現不悅的感覺，將會隨著「注意力」逐漸消失。

前些日子，我在咖啡店正在埋頭創作這本書的時候，隔壁桌的女孩，不知什麼原因，突然嚎啕大哭了起來，而且，這個女孩還邊哭邊對著坐在她對面的男孩說：「為什麼，我對他這麼好……他為何還要背叛我……」

這時候，只見坐在女孩對面的男孩，用安慰的口吻，頻頻地對這個放聲大哭的女孩說道：「別哭……我可以充分瞭解妳現在的感受……」

原本我還以為這個男孩可能想要「趁虛而入」，準備追求這個被男友劈腿的女孩，才會那麼溫柔地安慰她，但萬萬沒想到當女孩繼續哭訴著：「為何我對他這麼

好……他還要劈腿去找小三呢？」

這個男孩卻對女孩安慰說道：「我可以充分瞭解妳現在內心的感受……因為，當初妳背著我劈腿跟現在這個男友交往時，我也是跟妳現在一樣傷心難過啊！」

看懂了嗎？沒錯！原來這個男孩就是曾經被這個女孩背叛的前男友，因此，他才會對這個女孩，也就他的前女友，一直說著：「我可以充分瞭解妳現在的內心感受……」

充分瞭解你感受的人，不一定都會安慰你

當朋友痛苦難過的時候，我們都會和前述那個安慰前女友的男孩一樣，跟朋友安慰說：「我可以充分瞭解你的感受……」但如果有人問起，「感受」到底是什麼東西？我們可能無法在第一時間，回答出肯定和明確答案。

其實，「感受」有兩種意思，第一種就是「感同身受」的意思，也就是別人發生的事情，也曾經發生在自己身上，因此，自己可以充分懂得別人到底在傷心和難過什麼？

第二種則是我們的心受到外界影響，所產生的痛苦或辛苦的不悅感覺，然而，

想消除這種不悅的感受，或許可以試著將自己的注意力，擺在這些不悅感覺上面，這些讓自己不悅的感受，也許就會隨著「注意力」逐漸消失。

譬如很多罹患癌症的人，在抗癌期間，會練習將「注意力」擺在之前不敢面對的身體苦痛，也就是顯現在身體的「苦受」，進而在最後學會跟自己身體上的病痛和苦受和平共處。但是話又說回來，充分瞭解你感受的人，不一定都會安慰你，有時候反而因為他懂你的痛處在哪裏，因而在雙方利益衝突的時候，做出在你傷口灑鹽的事。

被自己討厭的第16種勇氣：

不要傷害跟你擁有同樣感受的人

我們可以充分瞭解別人的感受，主要是因為別人發生的事情，也曾經發生在自己身上，但有些人往往因為瞭解別人的「感受」，反而會認為別人發生的事情根本沒什麼大不了，因而，在無意中做出「傷害」別人的事，自己還渾然不知。

17、昨天的全壘打，不能逆轉今天的比賽

我們一直以昨天的「我」為榮，一直以為昨天的「我」可以這樣，今天的「我」就一定可以那樣，但卻忘記昨天的「我」並不等於今天的「我」。

三年前，某家公司邀請我去上課，而上課的對象是剛出社會的職場新鮮人，我記得當時一開始上課的時候，就向台下所有同學問說，如果你們是一支職棒隊的總教練，在最後一場總冠軍賽進入到九局下半，兩人出局，二壘有人，你們領軍的職棒隊還落後給對手一分的關鍵時刻，只要接下來上場打擊的這一棒能夠擊出安打，就能將比數追平，甚至還可能以一分之差逆轉氣走對手。

但問題來了，接下來的這一棒，雖然是隊中擁有十幾年職棒經驗的打擊王，不過他在前面幾個打數，都沒有擊出過安打，還被三振了兩次，而在球隊休息室的板

凳區，有一個在昨天比賽時，因為上場代打，擊出全壘打的職棒菜鳥……

而在這個只要一棒就能決定球隊能否獲得總冠軍的關鍵時刻，你這個總教練到底會讓原來棒次，也就是今天表現不佳的打擊王，留在場上繼續打擊，擔負起球隊勝負的責任？還是會啟用代打，將在昨天比賽代打時擊出全壘打，但在過去例行賽的打擊率，並不理想的菜鳥調上火線？

結果有超過三分之二以上的同學，都說他們會毫不考慮地啟用代打，只有不到三分之一的同學說，會讓前面幾個打數都沒有擊出安打，還被三振兩次的打擊王繼續上場打擊。

當所有同學做完選擇的時候，就有一個男同學，舉手問我說：「老師，如果你是這支球隊的總教練，你會不會啟用代打？」

我隨即不假思索地回答：「不會！」

男同學就問我：「為什麼？」

我答說：「因為，昨天的全壘打，並不能為今天的比賽得分。我不會因為那個在過去例行賽打擊率並不理想的菜鳥，只因在昨天揮出一支全壘打，就在這個需要高抗壓力和真正實力的勝負關鍵時刻，將他調上火線，我寧願讓在前面幾個打數表現不理想，但卻擁有十幾年豐富比賽經驗的打擊王，繼續留在場上打擊。」

別想用昨天的「我」，來讓別人肯定今天的「我」

其實，我們都會有「昨天擊出全壘打的人，一定會在今天的比賽繼續得分。」這種乍看起來，好像沒有什麼錯的盲點，但是，我們是否曾經想過，昨天擊出「全壘打」的人，到底是僥倖抓到對手的「失投球」，才擊出「全壘打」？

還是憑著自己本身紮實的實力，將對手已經壓著很低的球，硬是撈起來擊出「全壘打牆」外面呢？有些人一直以昨天的「我」為榮，一直以為昨天的「我」可以這樣，今天的「我」就一定可以那樣，但卻都忘記昨天的「我」並不等於今天的「我」，所以，才會一直想用昨天的「我」，來讓別人肯定今天的「我」。

被自己討厭的第17種勇氣：

不要以昨天的「我」為榮

昨天的「我」可以做的到的事，今天的「我」不一定可以做的到，因此，我們又何必一直活在過去輝煌的成就之中。

18、不喜歡輸的感覺，又能怎樣？

如果只是為了貪圖成功來臨那一瞬間的快感，就必須付出一輩子的痛苦代價，以及讓自己一輩子活在悔不當初的悔恨中，這樣的「交易」值得嗎？

我的朋友小徐，有次約我到咖啡店喝咖啡，當服務生將咖啡端上桌之後，小徐就對我說：「最近他們公司有兩個派系在內鬥。」

「為了什麼事情在內鬥？」我問。

小徐說：「還不就是因為有個資深協理下個月就要退休，因此，公司的兩個派系，為了推自己派系的人選，接任這個資深協理退休後所留下的職缺，紛紛在檯面下拚命給對方『穿小鞋』。」

「是嗎？」我說：「想必這個資深協理所留下的職缺應該是一個肥缺吧！」

「不是，因為那個資深協理在公司已經做了二十年，是公司的『開國元老』，因此，在最近五年的時間，他負責的業務根本就是一團亂。」小徐說：「只要誰去接他留下的這個職缺，光是要重整他的業務，可能就要花半年以上的時間。」

「既然這樣，你們公司那些派系，幹嘛還為了這個職缺爭的你死我活？」我問。

「答案很簡單——這兩個派系，誰都不喜歡輸的感覺。」小徐說。

有些人不擇手段打敗對手，往往只是為了爭一個面子

其實，有些人無所不用其極地打敗對手，通常只是為了出一口氣，因此，明明知道，打敗對手，不僅必須概括承受對手所留下的爛攤子，而且，一點實質的利益都無法獲得，還是會義無反顧地去做。

問題是既然都已經知道打敗對手之後，自己並不能獲得實質的好處，為何還要那麼固執地將「打敗對手」當做自己畢生的唯一目標呢？

答案並不困難，那就是我們都不想當別人的手下敗將，都不喜歡輸的那種感覺。因此，才會在明知對手故意輸給自己，只是想將爛攤子留給自己；才會在明知在打敗對手之後，困難的挑戰才真正開始，但為了享受成功來臨那一剎那的感覺，才會頭也不回地踏進自己用「不認輸」的執著，所打造的「成功地獄」之中。但是，話又說回來，我們是否曾經想過，如果只是為了貪圖成功來臨那一瞬間的快感，就必須付出一輩子的痛苦代價，以及讓自己一輩子活在悔不當初的悔恨中，這樣的「交易」值得嗎？

除非我們知道在享受成功來臨的那一瞬間快感之後，清楚明確地知道，接下來自己必須做些什麼事，以及面對什麼艱困的挑戰，才能不讓自己好不容易獲得的成功果實，拱手讓人！

被自己討厭的第18種勇氣：

不做「打腫臉充胖子」去跟別人爭面子的蠢事

有些人不擇手段打敗對手，往往只是為了爭一個面子，因此，明明知道，將對手打敗，必須接下對手所留下的燙手山竽，根本就沒有時間和心情去享受成功的果實，還是會毅然決然地去做。

第三章

瞧不起你的人，是你教出來的

外界對你的評價，並不在於你的身份地位，而是你的所作所為；
我們在別人心中到底有多少重量，並不在於擁有多少經歷，
而是，我們在每一項經歷所做的努力，是否能讓別人認同，
換句話說，別人瞧不起你，其實，是因為你不夠努力。

19、就算買不起，也不想被人看不起

越怕被別人看不起的人，越是無法得到別人的尊重，如果你想讓別人看得起自己，就必須具備被別人看不起的勇氣。

我跟太太在結婚前，為了婚後兩人的新居，因此，只要是例假日，就會一起去看房子，有個假日，我跟太太到新店一個新推的建案看預售屋，當我們一進入預售屋接待中心，售屋小姐隨即殷勤招待我們，不僅熱情地端上熱茶、遞上這個建案的精美ＤＭ與精緻的看屋來店禮，而且，還有條不紊耐心地幫我們介紹這個建案，哪個時候開工，準備蓋幾層樓、每一戶配有一個平面停車位、公設比佔多少趴，以及公設有包含游泳池、健身房、網球場、視聽中心……等等。

但是，當售屋小姐用書面資料介紹完這個建案大樓將來完工的樣子，準備帶我們去看樣品屋之前，突然轉身問道：「對了，剛才忘了問你們準備看幾坪的房子？」

我回說：「大約三十坪左右。」

售屋小姐接著又問道：「你們的預算大概是多少？」

當售屋小姐聽完我所講的預算後，口氣馬上變冷地跟我們說：「你們的預算，連買我們這裏最小坪數（二十坪）都買不起，待會我已約了幾組要看房子的客戶，沒時間帶你們去看樣品屋，反正就算看了，你們也買不起，就不要浪費這個時間，這份DM你們帶回去自己慢慢看。」

售屋小姐語畢，便將她手上那份建案的DM捲成一團塞給我，然後，轉身離開，留下一臉錯愕的我們。

前些日子，當我準備將這段當年被售屋小姐嗆「買不起」的經過，寫進這本書的時候，無意間在網路上看到：美國脫口秀天后歐普拉，在瑞士蘇黎世一家精品店，想買一個大約合台幣一百零五萬的名牌包，卻因為店員不認識她，又看她是黑人，應該沒有什麼錢，因此，當場嗆她買不起的國際新聞。

身價將近三十億美元（近台幣九百億元）的歐普拉，事後回到美國，上CBS

《今夜娛樂》，談到種族和性別歧視議題時，首度將她在瑞士蘇黎世的精品店想買名牌包，被店員嗆她買不起的這件事情披露。

歐普拉說，在那個當下，她可以拿出信用卡中最頂級的黑卡，來彰顯自己的身份，然後，把事情鬧大，但是歐普拉並沒有那樣做，而是選擇默默轉身離開。

其實，一般人就算真的買不起，也不想讓人看不起，但問題是越怕被別人看不起的人，越是無法得到別人的尊重，如果你想讓別人看得起自己，就必須像歐普拉一樣具備被別人看不起的勇氣。

不要以為事情一定像你以為的那樣

不論是任何人，或多或少都會有「先入為主」的成見，都會用過去根深蒂固對某件事情的認知，來以為如果事情是這樣，最後的結果就一定會那樣，就像前述新聞中，那個當場嗆歐普拉買不起名牌包的精品店店員，因為不認識歐普拉，又看她是一個黑人歐巴桑。

因此，就用過去「黑人都沒有錢」的成見和認知，當場嗆這位年收入超過七千七百萬美元（約二十三億台幣）的歐普拉，買不起那個訂價一百零五萬台幣的名牌包。

被自己討厭的第19種勇氣：

不用「過去」的答案來解決「現在」的問題

我們總是會用自以為是的「過去經驗」，來回答現在所遇到的問題，我們總是會用過去的「答案」來做為解決現在所遇到相同問題的方法。

20、兩個「對」的人，才會發生爭執

吵架，必須有兩個人才吵得起來，但是想中止爭執，卻只要參與這場爭執的任何一方，想停止就可以。

有次，在出版社工作的老高跟阿喜為了一本書的封面設計方向，到底是要走傳統設計路線，還是要朝比較時尚感、比較寫意的方向設計，吵了一架之後，分別打電話來向我抱怨對方的「不可理喻」，順便請已經在出版業做了十幾年的我主持公道。

老高在電話跟我抱怨阿喜一點都不懂得現在的圖書市場，目前這本書的封面，明明就必須走比較傳統的路線來做為設計方向，才能在讀者心中建立權威性。

老高語畢，我隨即回他說：「聽你說完整件事情的來龍去脈後，我覺得你應該

是對的！」

老高掛完電話後，阿喜的電話隨即打了過來，他在電話中向我抱怨老高那套對封面設計的觀念，老早就過時了，根本就跟不上現在年輕人想要什麼的想法，而我在電話中聽阿喜說完老高有多麼「不應該」之後，便向阿喜答說：「剛才聽你講完整件事情的經過，我覺得你應該沒有錯！」

阿喜掛完電話後，從頭到尾都在電話旁邊，聽我跟老高和阿喜通電話的太太就用狐疑的語氣向我問說：「你剛剛不是還在電話中，說老高的做法是對的，為何現在又跟阿喜說他應該沒有錯呢？難道你在這件事情當中，想當一個誰也不想得罪的『爛好人』嗎？」

我並沒有直接回答太太對我的質問，只是語帶禪意地向太太回說：「因為『正正』才會『得負』！」

「什麼是『正正得負』？」太太用不解的語氣問道。

「所謂的『正正得負』就是當兩個人都認為自己是對的情況下，就會得出『誰也不肯向對方承認自己是錯』的結果。」我說：「因此，我剛剛才會跟自認為自己是對的老高和阿喜說他們應該都沒有錯，因為，如果站在他們的立場，來看兩人爭執封面設計方向這件事，他們的確都沒有錯啊！」

兩個人都認為自己是錯的，就比較不容易吵得起來

有句話說：「吵架，必須有兩個人才吵得起來，但是想中止爭執，卻只要參與這場爭執的任何一方，想停止就可以。」其實，當雙方都認為自己的意見，絕對是對的時候，才會在各自捍衛自己「對的意見」的情況下，發生所謂的「爭執」，這就是所謂的「正正得負」。相反的，當兩個都認為自己是錯的人，就比較不容易吵得起來，而這就是所謂的「負負得正」。

只要我們懂得這種「正正得負，負負得正」的「人性數學」，也就不會讓自己像之前一樣，動不動就跟別人發生根本就沒有必要發生的爭執。

被自己討厭的第20種勇氣：

不一味地認為自己絕對沒有錯

當雙方都認為自己絕對是對的時候，才會在誰也不想低頭認錯的情況下，發生所謂的「爭執」。

21、「嘲諷」你的人，就是在你的痛處「按讚」

只有透過別人的嘲諷和屈辱，才會讓自認為已經做到很好的自己，恍然發現自己其實還有很大的努力和進步空間，也才會去接受自己離成功還有一段很長距離的現實。

有次，我的臉書好友大立，在他的臉書上貼了一篇「緊急尋找十年前跟他在同一家公司的許姓同事」的尋人啟事，於是，我就在臉書上開玩笑地問大立：「為何這麼急著尋找這位十年前的同事，是不是這個同事當初欠你的錢忘記還？」

大立在臉書上，回我說：「才不是耶！我會這麼急著找這位十年前的同事，主要的原因是他是我這幾年來，工作會那麼順遂的大恩人！」

我在臉書上向大立問說：「這位十年前的同事，為何是你工作上的恩人？」

「因為，如果不是這位同事，我不可能離開十年前的那家公司，進入目前這家真正適合我的公司。」大立在臉書上回我說：「如果不是這位同事，我不可能那麼認真努力地在目前這家公司，從一個小專員一路做到現在副總的位子。」

「是嗎？那我倒是很想知道你要找的這位同事恩人，在十年前到底對你做了什麼事，或是講了什麼話激勵你，讓你在十年後攀上事業顛峰之後，這麼急著想要找到他。」我在臉書上問大立。

豈知，大立接下來在臉書給我的回答，卻完全出乎我的意料之外，因為，大立說，在十年前，他的這位同事當著全公司同事面前，嘲諷他有兩個碩士學位有什麼用？竟然連在電話中如何跟客戶應對都不會，還好意思在業務部坐著主任的位子，這位同事最後甚至還很不留情面地跟他說，是不是應該審慎地認真考慮換工作，以免一方面浪費公司的薪水，另方面也浪費他自己的生命。

而他當時因為受不了這位同事當眾對他的屈辱，隔天就向公司遞辭呈走人，然後，才進入目前這家真正適合他本身企劃專長的公司。

因此，他才會想找到這位同事，好好當面感謝他，因為，如果不是十年前這位同事對他不留情面的『屈辱』，他可能到現在都還一直做著那個一點都不適合自己的業務工作。

風潮音樂總經理楊錦聰，有次接受雜誌訪問時，向記者說道：「今天風潮音樂能夠順利地打開國際市場，第一個要感謝的就是當年那個不留情面的屈辱我、刺激我的老外……」因為，當年他第一次試著將風潮音樂推向歐洲市場時，那位老外毫不客氣地用言語刺激他，促使他能更認真，更虛心去思考該怎麼做，才能讓風潮音樂在歐洲市場站穩腳步。

別人對自己的屈辱和嘲諷，往往都是一些踩到內心痛處的「真話」

有句話說：「一個人的成功，往往都是發生在受到別人的嘲諷和屈辱之後。」因為，只有透過別人的嘲諷和屈辱，才會讓自認為已經做到很好的自己，恍然發現，自己其實還有很大的努力和進步空間，也才會逼自己去接受自己離成功還有一段很長距離的現實。

而且，不容否認的，通常別人屈辱和嘲諷自己的那些話語，往往都是一些踩到自己內心痛處的「真話」，否則，你也不會那麼在乎「這些話」，甚至還很認真地將「這些話」當成一回事了。

被自己討厭的第21種勇氣：

感謝那些用酸言酸語來嘲諷自己的人

一個人的成功，往往都是發生在受到別人的嘲諷和屈辱之後，因此，別人的嘲諷和屈辱，可以說是督促我們向前邁進的「心動力」！

22、掌聲與噓聲，同樣都是鼓勵的聲音

只有瞭解「掌聲」是正面鼓勵的聲音，而「噓聲」是負面鼓勵聲音的人，才能夠將一開始的「噓聲」，化作讓自己最後獲得「掌聲」的動力。

前幾年有一支電視CF飲料廣告，找來旅日球星陽岱鋼代言，並擔任廣告中的主角，而這支廣告讓我印象最深刻的就是「掌聲與噓聲，同樣都是鼓勵的聲音」這句值得每個人深思的廣告文案。

每個成功的人，在獲得功成名就的掌聲之前，或多或少都一定遇過別人對他所做之事，發出不以為然的噓聲，而這些會對他所做之事，報以噓聲的人，有時候，並不完全是不屑他的所作所為，反而是因為基於「愛之身，責之切」或是「恨鐵不成鋼」的心理，才會想藉著用「噓聲」來間接鼓勵他以及激發他的鬥志。因此，只

有能瞭解噓聲與掌聲，同樣是鼓勵的聲音，只不過掌聲是正面的鼓勵聲音，而噓聲是負面鼓勵聲音的人，才能夠將一開始的「噓聲」，化作讓自己最後獲得掌聲的動力。其實，在十幾年前，我還沒成為所謂的「暢銷作家」之前，也經常接到讀者充滿「噓聲」的來信，而這些讀者在信中所寫的內容，不外乎就是一些「你到底在寫些什麼東西？」、「你是專門寫書來騙錢的嗎？」以及「你寫的東西，不是我需要的，可不可以退錢」……之類充滿情緒性的負面字眼。

由於，這些讀者的信，有時候是用明信片直接寄到出版社，因此，出版社在看到這些寫在明信片背後的情緒性字眼，深怕會影響到我的創作心情，大都選擇將這些信件先行壓下，一直等到我所寫的書成為暢銷書之後，才將之前那些讀者寄來的明信片，全部交到我手上。

將別人的「噓聲」，用來當做讓掌聲響起的「汽油」

說實在話，當初一看到讀者所寫的那些充滿噓聲，甚至是幾近謾罵的情緒性內容，當下的內心，其實是有點不舒服的，但是，後來在研讀佛典的時候，看到「一念天堂，一念地獄」這句話語之後，才轉念心想，至少這些讀者還肯花錢買明信片寫信來罵我，在某種角度代表著這些讀者對我還是有些期待，才會大費周章地花時間來寫這些充滿情緒性字眼的明信片。

因此，我應該充滿感恩之心，感謝這些讀者不吝對我的指正才對，何必讓自己一直住在讀者用噓聲所打造的「心靈地獄」裏面呢？

所以，當時的我就將這些讀者所寄來的明信片，擺在一個叫做「九五無鉛汽油」的文件夾裏面，三不五時就會將這些明信片拿出來刺激自己、幫自己「加油」一下。然而，從讀者寄來的這些「噓聲信」，讓我體會到只要懂得轉個念頭，就能將別人的噓聲，拿來當做讓掌聲響起的「汽油」，只要懂得轉個念頭，就能將別人的嘲笑，當成自己獲得更好成效的「燃料」。

被自己討厭的第22種勇氣：

將「噓聲」當做另一種加油的「掌聲」

其實，會對你所做之事，報以噓聲的人，有時候，並不完全是不屑你的所作所為，反而是因為基於「恨鐵不成鋼」的心理，才會想藉著用「噓聲」來激發你的鬥志。

23、今天肯定你的人，明天會否定你

一個頂尖的成功人物，即便自己的表現，在別人眼中已經相當不錯，但是他卻認為這種在別人眼中不錯的表現，只能稱做「差強己意」。

前幾年，同樣跟我喜歡看棒球的小張在他的臉書，貼上一篇「狂賀鈴木一朗擊出美日職棒生涯四千安」的貼文。

他在臉書的貼文上面寫道：「從日本職棒拚到美國大聯盟的日本球星鈴木一朗，終於在經過二十二個球季的打拚，揮出美、日職棒生涯第四千支安打，成為繼傳奇球星羅斯（四千兩百五十六支）、柯布（四千一百八十九支）之後，第三位進入美國職棒『四千安俱樂部』的球員。」並且，還附上從Youtube連結過來的鈴木一朗從藍鳥隊王牌投手迪奇手中揮出職棒生涯第四千支安打的視頻畫面。

我看完小張在臉書所貼的「鈴木一朗締造職棒生涯四千安」的貼文後，隨即在臉書上用即時通訊向小張說道：「其實，日本球星鈴木一朗在剛加盟美國大聯盟時，也曾經面臨過自己職棒生涯的打擊低潮。」

小張在臉書上回我說：「有嗎？在我的印象中，一朗在二〇〇一年從水手隊展開大聯盟生涯，已連續十二季安打突破一百五十支，而且，今年只剩下不到三十支，就可再度突破這個關卡，成為美國大聯盟史上第三個『連十三』擊出一百五十支安打的打者。」

我看完小張的回應後，在對話框敲著鍵盤，寫道：「當然有啊！二〇〇一年加盟西雅圖水手隊的鈴木一朗，在第一次面臨打擊率不到三成的時候，就在賽後向採訪他的體育記者說，這是他轉戰美國大聯盟以來，首度遇到的打擊低潮。」

小張隨即在臉書上回我說：「一朗，會不會自我要求太高？竟然會將打擊率不到三成，稱做是自己生涯的打擊低潮。」

我在臉書對話框寫道：「嗯！你知道嗎？一朗在首度面臨轉戰美國大聯盟打擊率不到三成，他自稱為打擊低潮時，向採訪的記者說些什麼嗎？」

「說些什麼？」小張在臉書的對話框問道。

「一朗向記者說道：『如果自己對這種打擊表現還覺得滿意，那麼就應該準備退休打包回日本了。』」我敲著鍵盤在臉書的對話框答道。

永遠不要滿意自己的「優異表現」

一個頂尖的成功人物，都會對自己的表現，訂出超乎常人的嚴格標準，即便自己的表現，在別人眼中已經相當不錯，但是他卻認為這種在別人眼中不錯的表現，只能稱做「差強己意」。

有句話說：「不要沈醉在別人的肯定之中，因為，今天肯定你的人，明天會否定你。」

事實證明，只有這種不沈醉在別人對自己肯定之中，以及從來不滿意自己「優異表現」的這股動力，才能像締造職棒生涯四千安的鈴木一朗一樣，將自己推向別人難以超越的成功顛峰。

被自己討厭的第23種勇氣：

將低潮當做突破困境的起點

一個人經常遇到「低潮」，並不是壞事，因為，如此一來，才會促使自己時時思考如何努力打拚，才能突破目前的低潮和困境。

24、不是所期待的喝采
是獲得真正掌聲的阻力

我們經常會接受並不是自己所期待的喝采，但是，卻都沒有勇氣在掌聲響起的剎那之前，就轉身離開，原因就出在我們非常害怕「昨天的失敗」會重新再來。

前幾年，我有個作家朋友在三個月之內，連續出了兩本書，而其中有一本因為書名和封面，比較另類，比較能夠吸引讀者，出版不到一個月，就再版了兩刷。身為朋友也同樣是文字工作者的我，當然不免俗地約他出來喝下午茶，並當場向他道賀。當我向他道賀完之後，發現他的臉上，並沒有出現應該要有的喜悅，於是，就向他問說：「怎麼了？為什麼我在你的臉上，看不到一絲絲因為書大賣的喜悅呢？」

「沒事……」作家朋友用淡然的語氣回完我的話之後，隨即話鋒一轉地向我問說：「你知道前幾年，加大陸《我是歌手》歌唱比賽節目，重溫走紅滋味的林志炫，當年他和李驥組成的『優客李林』，一炮而紅的《認錯》成名曲，其歌詞的最初版本，並不是現在大家所聽到的版本嗎？」

「這件事……我倒是不知道……」我回說。

「其實，當年讓『優客李林』，一炮而紅的《認錯》成名曲，其歌詞的最初版本，並不是現在大家所聽到的『I don`t belive it，是我放棄了你，只為了一個沒有理由的決定……』」作家朋友說：「而是『掌聲響起的剎那，我便轉身離開，只為了那不是我所期待的喝采，昨天的失敗，是不是從此就不能重來……』」

「你跟我講這個的意思是不是想告訴我，你那本在一個月內，再版兩刷的書，所獲得的掌聲，並不你所期待的喝采？」我問說。

「嗯，因為再版兩刷的書，銷售量會意外地衝起來，只是僥倖，並不在我的預料之中……」作家朋友說：「反而是我原本期待可以大賣的另外一本書，其銷售量並沒有跟預期所想的一樣……」

在不該屬於自己的掌聲響起時，毅然決然轉身離開

在人生的過程中，我們經常會接受並不是自己所期待的喝采，但是，卻都沒有勇氣在掌聲響起的剎那之前，就轉身離開，原因就出在我們非常害怕「昨天的失敗」，會因為自己的轉身離開，便會重新再來。

問題是如果我們因為害怕「昨天的失敗」會在今天重來，因而，閉著眼睛去接受不是自己所期待的喝采，甚至是昧著良心去接受並不是經過自己努力所獲得的成功，那麼這種山寨版的「今天成功」可能要比「昨天的失敗」讓你更開心不起來。

因此，與其害怕「昨天的失敗」會在今天重演，還不如在不該屬於自己的掌聲或喝采聲響起時，毅然決然地轉身離開，如此一來，還有可能讓在今天重演的「昨天失敗」變成獲得「明天成功」的經驗和動力。

被自己討厭的第24種勇氣：

不沉迷不該屬於自己的喝采

有些人面對並不是自己所期待的喝采，會暗自笑納，但有些人卻會默默地轉身離開，因為，這些選擇轉身離開的人，不想讓這種僥倖所獲得的掌聲，成為自己再接再厲的阻力！

25、在別人心中有多少重量，沒有那麼重要

外界對你的評價，並不在於你的身份地位，而是你的所作所為；我們在別人心中到底有多少重量，並不在於擁有多少經歷，而是，我們在每一項經歷所做的努力，是否能讓別人認同。

有個曾經在寫作班帶過的學生，有天一大早打電話，用有點落寞的語氣跟我說：「老師……你現在有空嗎？可以到你寫作的咖啡店找你聊聊嗎？」

我隱約覺得這個學生似乎有些心事，便回說：「沒問題，隨時歡迎你來找我。」

約莫過了三十分鐘，我從咖啡店的落地窗，看到這個學生穿著西裝、提著公事包，走進咖啡店點完餐之後，就往我坐的桌子方向走過來。

這個學生坐下後，我隨即跟他說：「穿著這麼正式，是出來拜訪客戶嗎？」

學生回說：「不是，因為上個月，我就被公司遣散了。」

我聽了後，便用不解的語氣問他：「你在上個月就被公司遣散，那為何出門還穿著西裝、提著公事包，一副上班族的打扮呢？」

學生回說：「我怕我太太會擔心，所以，到現在還沒跟我太太講我被公司遣散的事。」

我回說：「你是說為了怕你太太擔心，只好每天早上依然穿著西裝、提著公事包，假裝出門上班，當起『假上班族』？」

「嗯！我當初會決定先當『假上班族』，主要是想用最短的時間，找到新的工作，屆時再跟我太太說我換工作。」學生回說：「但沒想到，現在工作這麼難找，上個禮拜我寄了十幾封履歷，竟然沒有一家公司通知我去面試。」

「所以，你到咖啡店來找我，就是為了找不到工作的事……」我回說。

「嗯！我想請老師幫我看一下我的求職履歷……是不是哪裏出了問題？」學生語畢，隨即從公事包裏面，取出他的履歷表遞給我。

我接過他的履歷表，翻閱了幾頁，隨即跟他說：「其實，你的履歷表做的很好很詳細，只不過我覺得這份履歷表的『經歷』部分，有一點問題……」

「『經歷』部分有問題？」學生回說：「難道我在履歷表，列的『經歷』不夠多嗎？」

「不是列的不夠多，而是列的太多了。」我回說：「你的履歷表全部也只不過是三頁半，但你的『經歷』就洋洋灑灑列了一頁半，而這一頁半的『經歷』，有一半以上都是一些無關緊要的『經歷』，真正重要的『經歷』卻沒有幾項。」

我們的經歷，並不會幫自己「加分」

電影《蝙蝠俠・開戰時刻》片中有一句精采的對白：「外界對你的評價，並不在於你的身份地位，而是你的所做所為。」的確，我們在別人心中到底有多少重量，並不在於我們擁有多少經歷或多高的頭銜，而是，我們的每一項經歷和所做所為，是否能夠獲得別人的信服和認同。

雖說我們在過去的「經歷」，是讓別人肯定我們的依據，但如果為了獲得別人的肯定，為了增加自己在別人心中的重量，因而，在自己的「人生履歷表」列了一堆雞毛蒜皮的「經歷」，不僅無法在別人的心中為自己加到分，反而，還會大大地扣分。

其實，我們在別人心中到底有多少重量，並沒有那麼重要，重點應該是自己在自己心中到底有多重，才是我們必須努力的方向。

被自己討厭的第25種勇氣：

不把經歷跟能力畫上等號

經歷並不等於能力，因此，別人並不會看你有多少漂亮的經歷，而是會看你實際上擁有多少工作能力。

26、將缺點變成讓別人肯定自己的「優點」

一個人有辦法將自己的「缺點」，透過幽默自嘲的方式，變成讓別人記住我們，甚至是肯定我們的「優點」，乃是向別人「行銷自己」的最高境界。

有個開「整合行銷公司」的朋友，有一次，請我去幫他們公司的新進行銷人員上課。

當我到朋友公司上課，一開場就向所有人問說：「如果現在有家出版社，請你們幫他們行銷一本準備要出版的書，身為行銷人員的你們，會為這本書做那些行銷作為？」

有位行銷人員回說：「我會先將這本書從頭到尾看一次，整理出這本書的『優點』與『缺點』，然後，將『優點』做為這本書主要的行銷點，以及用來掩蓋這本書的『缺點』。」

我聽了之後，立刻向這個行銷人員回說：「剛才你的答案，只答對一半，因為，當接到出版社委託你們行銷的書籍時，正確的作法，應該是先找出這本書的優點與缺點，然後，將優點做為該書的行銷宣傳點，再透過行銷包裝的技巧，將該書的缺點變成優點。」

這時，有個行銷人員舉手問我：「要如何透過包裝將書的缺點變成優點？」我就向這位行銷人員反問：「你看過全聯福利中心的電視CF廣告嗎？」行銷人員回說：「看過，尤其是最近的『全聯經濟美學』系列形象廣告，還蠻有創意的。」

「嗯！」我說：「那你知道全聯大約在八、九年前，有一支電視CF廣告，就是巧妙地將他們賣場所有遭人詬病的缺點，透過廣告創意全部變成行銷全聯的優點嗎？」

語畢，我見行銷人員沒有回答，於是，就接著說：「八、九年前，從來沒有做過電視廣告的全聯，開始找廣告公司拍電視CF廣告，而這家廣告公司，找來一個後來被稱為『全聯先生』的演員，然後，逆向操作將全聯所有缺點，例如當時全聯的店家都位在很難找到的巷弄邊，以及當時到全聯買東西不能刷卡……等等，全部用KUSO方式包裝成可以為顧客帶來哪些『好處』，因而，一砲就打響全聯這個賣場的知名度。」

將「NG」部分變成暢銷元素

行銷的最高境界，就是即便是一個不是很OK的商品，也必須想辦法將商品的「NG」部分，透過行銷讓它變成這個商品暢銷的最重要元素，而不是一拿到商品，就只會用這個商品的「優點」去做行銷。

其實，一個成功的人往往有辦法將自己的「缺點」，透過幽默自嘲的方式，變成讓別人記住我們，甚至是肯定我們的「優點」，如果，我們可以做到這點，就不必一天到晚忙著在別人面前掩飾自己的「缺點」了。

被自己討厭的第26種勇氣：

不怕自曝自己的缺點

有辦法透過「行銷包裝」，將原本「NG」的商品變成「OK」的商品，將自己的缺點變成別人肯定自己的優點，才是行銷的最高境界。

第四章

想開點，日子就會好過一點

抱著「活一天，賺一天」的樂觀心態，
去面對隨時隨地都可能「買單」和「打烊」的人生，
也就是只要做好人生隨時會熄燈打烊的心理準備，
你的人生就可以過著快樂一點。

27、好的開始，不一定會有好的結束

有些人過了三分之二的精采人生，卻在最後的三分之一，因為無法抗拒外在的誘惑，因而，在把持不住的情況之下，晚節不保，讓自己陷入人生困境。

前年，我跟工作室的夥伴，一起幫某家影視製作公司撰寫一部準備送電視台徵選的愛情偶像劇企劃案，這部偶像劇的故事大綱是說，劇中男女主角在現實生活中，是一對只要見面就會鬥嘴吵架的歡喜冤家，但在網路的虛擬世界，卻是無話不談的知心好友，而且，在網路虛擬世界的男女主角，由於，不知道彼此在現實世界是一對冤家，因此，都還會在網路上互相講在現實生活中的對方壞話。這部偶像劇的企劃案，一開始在電視台的徵選過程中，還算順利，因為當製作公司的製作人，將這本企劃案交給電視台掌管劇本的主管，並當面簡單口頭報告這部偶像劇的故事梗概，獲得了電視台主管，非常不錯的評價。

當時製作人還特地打電話給我，要我可以跟我的夥伴開始準備寫這部偶像劇的分集大綱了。因為，「結果」已經八九不離十了，只要電視台的編審再「過個場」將我們送去的企劃案看一看，這部戲應該就可以開始進行了。

兩個禮拜後，製作公司的製作人打電話給我，原本我還以為他是要跟我說電視台徵選的偶像劇企劃案，已經通過徵選，可以開始進行分場大綱的撰寫了，豈知，電話接通後，製作人竟然跟我說：「剛才電視公司的編審打電話跟他說，半個月前，我們送去的偶像劇企劃案，在徵選過程的最後關頭，被刷了下來。」

製作人語畢，我隨即問說：「為什麼會在最後關頭被刷下來？」

「因為，在徵選的最後關頭，有兩部偶像劇的企劃案進入最後決選，而我們送去的那一部偶像劇，是其中一部，但到最後卻不幸敗北，其原因是有幾個編審一致認為，我們的劇本故事大綱，雖然在一開始的時候，張力十足，但在最後的結局設計，卻太弱了，不夠出人意外。」製作人回說。

不錯的「開始」有時候可能是所有惡夢的開頭

港星曾志偉在電影《江湖》片中擔綱演出深藏不露、陰險狡猾的高佬角色，在該片殺青之後，他接受媒體專訪，談及《江湖》這部電影的劇本時說道：「電影最困難的地方就在結局，很多電影都是前面三分之二很棒，但是結局卻軟弱無力。」

其實，「結局」不只是電影最困難的地方，同樣也是人生最困難的地方。

有句話說：「不錯的開始，不一定保證就會有不錯的結果。」殊不見，有些人過了三分之二的精采人生，往往卻在最後的三分之一，因為無法抗拒外在的誘惑，因而，在把持不住的情況之下，晚節不保，讓自己陷入人生的困境。

被自己討厭的第27種勇氣：

不讓自己沉迷於「好的開始」

如果你的人生有一個不錯的開始，不能因而就讓自己輕忽大意，因為，不錯的「開始」，非但不一定保證可以一路「不錯」到結束，有時候，甚至是所有惡夢的開頭。

28、「結果」當然比「過程」重要

在這個「成者為王、敗者為寇」的現實社會之中，所有人都是用最後的「結果」來決定你到底是可以接受掌聲的「英雄」，還是只能給你噓聲的「狗熊」？

有次，友人阿偉跟我說，他們公司每個禮拜，都會固定開會一次，但每次的會議，通常會在三十分鐘之內就會結束。我聽了之後，就好奇地向阿偉問說：「你們公司的會議時間，為何會這麼短？難道你們開會只是一種表面形式？」

阿偉回說：「不是，我們公司開會非但不是一種表面形式，而且，每個人還要很正式向老闆報告自己過去一個禮拜的工作狀況。」

「是嗎？」我用不解的語氣問說：「據我知道你們公司的員工大概也有二十幾個，如果每個人都報告自己的工作狀況，那麼三十分鐘的會議時間，怎麼會夠用呢？」

「夠用，當然夠用！而且，有時候三十分鐘的時間，還嫌太長呢？」阿偉說。

我一頭霧水地向阿偉問說：「那你倒是說說看你們老闆到底是怎麼跟你們開會？為什麼，三十分鐘的時間，還會嫌太長？」

阿偉答說：「因為，我們老闆在開會時，只給每個員工一分鐘的報告時間。」

「一分鍾？能夠拿來報告什麼？」我用更不解的語氣問說。

「報告自己執行每件工作的『結果』。」阿偉說：「我們老闆不喜歡員工跟他報告工作的執行『過程』，他認為員工在執行過程遇到什麼問題，自己必須想辦法去解決，而不是在會議上，將問題丟給老闆，而他在會議上，只想聽到的報告，就是每個員工執行工作的『結果』。」

「過程」怎麼樣並不重要，重要的是「結果」怎麼樣

坊間一些勵志書，經常會說：「結果怎麼樣並不重要，重要的是過程怎麼樣！」但是，我要很老實地講，只要經過這個現實社會洗禮的人，都會恍然發現「過程」怎麼樣並不重要，重要的是「結果」怎麼樣！

因為，踏入社會工作，公司的老闆並不會關心或在乎你交給他的企劃案，是冒著熬夜爆肝，甚至過勞死的危險才做出來的，公司的老闆在乎的是你所交給他的企劃案，最後的結果，到底能不能幫公司賺到錢？其實，在這個「成者為王、敗者為寇」的現實社會之中，所有人都是用最後的「結果」來決定你到底是可以接受掌聲的「英雄」，還是只能給你噓聲的「狗熊」？

就像facebook創辦人馬克・扎克伯格，大學沒畢業就跑去創業，如果最後的「結果」不是成功的創立目前已經超過十億人使用的「臉書」，那麼他在世人的眼中，充其量也只不過就是一個大學沒唸完的「中輟生」。

至於馬克・扎克伯格在創辦臉書的「過程」中，到底遇到多少困難和問題，如果他不說，可能也不會有多少人會真正去關心。

被自己討厭的第28種勇氣：

認為「結果」比「過程」重要

沒有人會關心你獲得這個「結果」的「過程」，只會在乎你的這個「結果」，能不能幫他帶來什麼好處？

29、用「活一天，賺一天」來面對人生無常

沒有人可以打包票保證自己的身體器官，在下一刻絕對不會「故障」，沒有人可以知道自己在下一秒鐘，到底會不會發生什麼讓自己無法預料的事。

前兩年，岳父因為急性腦中風，住進醫院的重度加護病房，由於，岳父的急性腦中風症狀是顱內出血，而且，出血部分位於腦部中央部位，因此，主治醫生做出不動手術的建議，因為如果硬是開刀將腦部中央部位壓迫腦神經的血塊取出，就必須將腦部周圍好的部分挖掉，這就像一顆西瓜，爛的部分在中間，如果要切掉爛的部分，又不能剖開西瓜的情況下，必須將外面週圍好的部分挖掉一樣。

當時我們在接受主治醫生不開刀的建議後，卻還是問了醫生：「如果不開刀將血塊取出，那麼壓在腦部中央那一大片血塊會自動散掉消失不見嗎？」這個早就知

道答案的問題。

我記得當時醫生回說：「血塊要全部散掉的機率不大，現在重點應該不是這個問題，而是我岳父目前處於深度昏迷中，完全必須靠呼吸器維持生命狀態，一旦呼吸器戴了超過兩個禮拜還無法拔掉，就必須考慮氣切，否則，很容易因為長期戴呼吸器，感染到其他足以危害生命安全的病菌。」

醫生這個可能要氣切的提醒，頓時，讓我們陷入岳父萬一真的要「氣切」，到底該不該同意的天人交戰之中，因為，一個人一旦接受了將氣管切開的「氣切」手術，就等同報廢一樣，必須一輩子躺在病床上，靠著一台連接管子的大機器辛苦、努力、甚至沒有尊嚴的活著，而且，在此期間，萬一醫院的供電系統因不可抗拒的原因故障停擺，這個靠著機器活著的「氣切」病人，就會因此喪命。

而岳父面臨是否氣切的這件事，讓我想起幾年前看過的一則美國醫學報導，美國有位叫做西蒙絲的十四歲少女，因為罹患擴張型心肌病變，導致心臟無法有效地執行將血液輸送到全身的任務，為了保住性命的她，只好接受醫生的建議，做心臟移植的手術。

這個十四歲少女在等待心臟移植的時間，靠著醫生替她植入的兩個特製心臟幫浦，過了一百一十八天沒有心臟的日子。

順利完成換心手術的西蒙絲在醫院為她舉辦的「換心記者會」上，回憶起那段只靠心臟幫浦維持生命的日子，心有餘悸地說道：「真的很恐怖，因為，你根本不知道這兩個心臟幫浦，什麼時候會突然故障。」

不要「活一天，算一天」，而是要「活一天，賺一天」

其實，不論是西蒙絲這段有感而發的話語，或是當時我們擔心岳父萬一要「氣切」該不該同意的矛盾心情，又何嘗不是「人生無常」的最佳寫照呢？

不過，既然人生這麼無常，這麼無法預測，我們就不能只是消極地「活一天，算一天」，而是必須用「活一天，賺一天」的心態來面對這個無常的人生，因為，沒有人可以打包票保證自己的身體器官，在下一刻絕對不會「故障」，也沒有人可以知道自己在下一秒鐘，到底會不會發生什麼讓自己無法預料的事。

被自己討厭的第29種勇氣：

做好人生隨時「打烊」的準備

抱著「活一天，賺一天」的樂觀心態，去面對隨時隨地都可能「買單」和「打烊」的人生，也就是做好人生隨時熄燈打烊的心理準備。

30、態度，決定人生的困難程度

任何事物沒有什麼「絕對」，就看你從什麼角度去面對，就像一顆讓我們愛不釋手的鑽石，看在一隻在街頭找尋食物的流浪狗眼中，充其量只是一顆透明會發光的小石頭而已，而一根被我們丟棄到地上的骨頭，卻會被這些流浪狗當做比鑽石還要重要的東西。

前兩年，我和太太一起去看了近幾年來少見的笑淚交織，讓人看完會回味無窮的國片《總鋪師》電影，尤其是飾演甘草角色的「討債二人組」當中的水腳B，為了完成女主角小婉的媽媽膨風嫂交代的「雞仔豬肚鱉」前置作業，竟然拿出當初用來跟小婉討債的刀子來挖出雞隻內部骨頭，只見他用刀子小心翼翼地挖空雞身內部的揮汗認真模樣，令人不禁莞爾。

其實，每一種東西，一定都同時具備多重意義，什麼東西在什麼時候，代表什麼意義，則須視看東西的人，站在什麼角度去解讀，什麼東西在什麼時候，可以做什麼用途，則完全在使用這個東西的人的一念之間。

例如，在《總鋪師》電影中的水腳B，當初用來跟女主角詹小婉討債的那把刀子，可以拿來當做「兇刀」威脅欠債的人，但是也可以在轉念之後，用來做為「廚刀」挖出雞隻內部骨頭一樣。

因此，任何事物沒有什麼「絕對」，就看你從什麼角度去面對，就像一顆讓我們愛不釋手的鑽石，看在一隻在街頭找尋食物的流浪狗眼中，充其量只是一顆透明會發光的小石頭而已，而一根被我們啃光肉，丟棄到地上的骨頭，卻會被這些四處找尋食物的流浪狗當做比鑽石還要重要的東西。

不要讓千載難逢的契機，變成避之唯恐不及的「棄」機

暢銷書《僕人》作者詹姆士・杭特曾經寫道：「人生，並不是指發生在我們身上的事情而已，而是我們對這些事情的回應。」

這句話告訴我們，如果想擁有一個精采的人生，其重點並不在於自己到底擁有

多少機會，而是在於自己用什麼念頭去看待這些機會。

如果想擁有一個幸福的人生，其問題也不在於自己面對多麼艱難的困境，而是在於到底用什麼態度去面對這個困境，因為，我們的態度，通常決定自己面對人生的難度，而我們的念頭，往往是發生在自己身上所有包括好事或壞事的源頭。

換言之，如果你能用正面的態度和正確的念頭，去看待每一個從你眼前經過的機會，那麼即使在別人眼中根本微不足道的機會，也會成為你邁向成功的契機。

被自己討厭的第30種勇氣：

不放棄任何一個「棄機」

如果你用負面的情緒和念頭去面對每一個機會，即便是千載難逢的契機，也會被你當成避之唯恐不及的「棄」機，因而，讓這個人人求之不得的良機，跟你擦身而過。

31、讓「名字」成為最驕傲的「頭銜」

別人在一開始，也許只記得我們的頭銜，記不住我們的名字，但是，到最後我們卻必須讓別人只記住我們的名字，忘掉我們的頭銜。

我有一個做業務的朋友阿本，最近跟我說了一個發生在他身上的糗事。

阿本說，他有一次準備去拜訪一個新客戶，為了讓新客戶認為他絕對有資格代表公司發言，他就自作聰明地用電腦做了一張「業務總代表」的名片。

但是，當他跟這位新客戶交換名片之後，新客戶卻用狐疑的語氣向他問道：「我可以請問一下，貴公司到底有幾位業務總代表？」

阿本不假思索地答道：「當然只有一位！」

新客戶用不解的語氣說道：「那就奇怪了，昨天你們公司也有一位業務人員拿著『業務總代表』的名片來拜訪我，而且，也跟我強調他是你們公司唯一的一位業務總代表。」

其實，當我們跟別人交換名片的時候，尤其是跟許久不見的朋友，或是跟與自己有利害關係的人交換名片時，或多或少都會在乎自己名片上的「頭銜」，是否上得了檯面，因為，名片上的頭銜高低，攸關到自己是否有所成就，再講白一點，就是關係到自己在別人面前，是否有面子和尊嚴。

不容否認的，一開始我們都是因為冠在自己身上的「頭銜」，才會受到別人的尊敬，但是，這種「尊敬」往往滲雜著虛情假意的成分。

因為，跟你初次見面的人，之所以會對你畢恭畢敬，往往是因為你的名片上面那個「經理」、「協理」、「總監」、「總經理」……之類的「頭銜」。

用自己的實力，來證明自己的能力

我曾經在過去所出版的書中寫道：「別人在一開始，也許只記得我們的頭銜，記不住我們的名字，但是，到最後我們卻必須讓別人只記住我們的名字，忘掉我們的頭銜。」因此，為了受到別人「貨真價實」的尊敬，我們必須用自己本身的實力，來證明自己的能力絕對符合冠在自己身上的那個「頭銜」，甚至到最後讓自己的「名字」，成為唯一能夠代表自己的「頭銜」。

這也就是為什麼越是成功的人，往往越是不會去在乎自己名片上，到底印上什麼「頭銜」，也就是說這些成功的人，本身所獲得的成就，已經不需要再靠著名片上的那些頭銜，來獲得別人對他的尊敬和肯定。

這就像曾經貴為台灣首富的郭台銘，並不需要在名片上面，印上「鴻海集團總裁」才能凸顯自己身份地位的道理是一樣的，再換個角度說，一個人真正的「頭銜」，其實應該是印在別人的心坎裏，而不是印在自己的名片上面。

被自己討厭的第31種勇氣：

拿掉自己身上的所有頭銜

只有那些對自己沒有自信，以及本身沒有真正本事的人，才需要在自己的身上，掛上一些為了不讓別人看不起自己的經歷和頭銜。

32、不要等到「做好準備」才開始

如果不想站在「打擊區」遭到三振出局的命運，或許，可以提醒自己只要有「四成把握」，就趕快揮棒，千萬不要等到「做好準備」才開始。

大學同學銘益有個「富爸爸」，因此，開一家書店對他來說，可說是輕而易舉，所以，平日喜歡看書的他，從大一開始，逢人就說他將來畢業後，要開一家書店，但一直到現在大學畢業都已經二十年了，卻遲遲沒有看到他將書店開起來。

我記得大學剛畢業後的第三年，在同學的婚禮中，遇到銘益，便向他問道：「書店開了沒？」

他回我說：「還沒開，因為還沒準備好！」

大學畢業後的第十年，我在某場演講場合，跟銘益不期而遇，於是，就問他：

「書店開了沒？」

他依然回我說：「還沒開，因為還沒準備好！」

前兩年，我在大學同學會見到銘益，又向他問道：「書店開了沒？」

豈知，他還是回我說：「還沒開，因為我還沒做好準備！」

於是，我索性就跟銘益說，以前有個富和尚告訴窮和尚，準備要到天竺去取經，窮和尚聽後，隨即向富和尚說：「這麼巧，我也準備出發到天竺取經。」

富和尚問：「那你準備什麼時候出發？也許我們可以結伴一起去，彼此在路上也有個照應。」

窮和尚回說：「我打算在一個禮拜之後就出發！」

「這麼快就要出發了，那我恐怕沒辦法跟你一起走……因為，我請專人縫製的那頂冬暖夏涼的帳棚，最快也要一個月才能做好。」富和尚回說。

窮和尚便說：「如果是這樣的話，那一個禮拜之後，我就先出發。」

「沒關係！你就先出發好了，等我拿到訂製的帳棚後，我會坐著用兩匹千里馬拉著的馬車趕上你的。」富和尚說。

三年後，窮和尚從天竺取經回來，就到富和尚的家中拜訪他，窮和尚問說：

「為何這三年在往返天竺的路上，一直都沒有見到你的人影？」

豈知，富和尚卻回說：「你在往返天竺的路上看不到我，那是因為我到現在都還沒有出發！」

窮和尚不解地問：「為什麼還沒有出發？難道你訂製的帳棚還沒拿到嗎？」

富和尚回說：「訂製的帳棚拿到了，不過我還有其他的準備工作，還沒有準備好……」

我的大學同學銘益聽完我講的故事後，立刻跟我說：「你在暗喻我是故事中的那個『富和尚』嗎？」

「我可沒有這麼說喔！」我說：「不過我倒是希望，當我下次再遇到你的時候，可以叫你一聲『窮和尚』。」

別用「還沒準備好」來做為遲遲不肯開始的藉口

友達光電前董事長李焜耀，有次接受雜誌專訪表示，自己的經營理念很簡單，那就是「有四成把握，就揮棒。」

通常，我們都會用「還沒有準備好」這六個字，來做為自己為何遲遲不肯開始的藉口，總是以為凡事必須做好萬全的準備，才會有十成的勝算。

但是，我們是否曾經想過，如果自己站在「人生打擊區」，一直要等到有十成把握的球，也就是對手投出「失投球」，才肯揮棒，那麼最後的結果，就是站在「打擊區」被對手「三振出局」。

如果不想遭到被三振出局的命運，或許，可以提醒自己，只要有「四成的把握」，就趕快揮棒。

被自己討厭的第32種勇氣：

只要有「四成把握」就動手去做

如果每件事情都要等到完全「準備好」，再著手去進行的話，那麼自己準備做的事情可能永遠沒有開始的一天。

33、「有心」是偷不走的心靈財富

「有心人」或許沒有「有錢人」那麼會利用結果來賺錢，也沒有「沒錢人」那麼會利用時間來賺錢，但是「有心人」卻會利用對的機會來賺錢。

這幾年我跟以前「小說寫作班」的同學，每個月都會固定選一本書，在「讀書會」中討論，有一次我們就選讀了前幾年一直持續暢銷的暢銷書《有錢人想的和你不一樣》。

在讀書會當中，有同學說這本書之所以會暢銷這麼多年，主要是因為台灣這些年的景氣一直很不好，因此，每個人都渴望跟該書副標所說的一樣，可以「五分鐘，換一顆有錢人的腦袋」，另外，也有同學說他覺得這本書會暢銷的原因，應該是作者在每一篇文章中，巧妙地將「有錢人」與「窮人」不一樣的地方，用對比式的敘述列舉出來，例如：

◆有錢人玩金錢遊戲是為了贏；窮人玩金錢遊戲是為了不要輸。

◆有錢人選擇根據結果拿酬勞；窮人選擇根據時間拿酬勞。

◆有錢人想著如何兩個都要；窮人想著如何二選一。

◆有錢人專注自己的淨值；窮人專注自己的工作收入。

◆有錢人讓錢幫他們辛苦工作；窮人辛苦工作賺錢。

但是，所有的同學在讀書會的最後，卻對這個世界上百分之八十的財富掌握在百分之二十有錢人的身上，心裏有點不平衡，有一個同學甚至用有點情緒的語氣說：「為什麼我們這群百分之八十的窮人，就只能分配到百分之二十的財富？」

我回說：「那麼我們就不要做百分之八十的窮人，也不要做百分之二十的有錢人，而是去做一個百分之百的『有心人』！」

換一顆「有心人」的腦袋

其實，在世俗的分類，將所有人概略區分為「有錢人」與「沒錢人」，但是，我卻認為在「有錢人」與「沒錢人」之外，應該還有一種人，那就是「有心人」，而「有心人」既可以是「有錢人」，也可能是「沒錢人」，但他卻沒有「有錢人」的唯利是圖，也沒有「沒錢人」的怨天尤人。

因為，「有心人」或許沒有「有錢人」那麼會利用結果來賺錢，也沒有「沒錢人」那麼會利用時間來賺錢，但是「有心人」卻會利用對的機會來賺錢；「有心人」或許沒有「有錢人」會利用金錢來幫他們賺錢，也沒有「沒錢人」會利用勞力來賺錢，但是「有心人」卻會利用別人的腦袋，來幫自己賺錢。

因為，「有心人」或許沒有「有錢人」那麼會專注自己的淨值，也沒有「沒錢人」那麼會專注自己的工作收入。

但是「有心人」卻會將專注擺在淨值與工作收入背後的邊際效應和附加價值；「有心人」或許沒有「有錢人」擅長兩者兼顧，也沒有「沒錢人」擅於從兩種選擇當中選出一個最好的，但是「有心人」卻會放棄這兩種選擇，自己創造出第三種選擇。

總之，如果說金錢是「有錢人」與「沒錢人」最大的財富，那麼「有心人」最大的財富，應該就是「有錢人」與「沒錢人」普遍缺少的「有心」，因此，如果你還在為錢煩惱，不妨從現在開始就讓自己換一顆「有心人」的腦袋。

被自己討厭的第33種勇氣：

做「有心人」不做「有錢人」

我們可以選擇不做百分之八十的窮人和百分之二十的有錢人，而是選擇去做一個百分之百的「有心人」！

34、「討價還價」不一定可以得到真正好處

不論是「討價還價」，或是做任何事之前，都必須先見到「好處」的習慣，都是父母從小為了鼓勵小孩，用「糖果」做獎品的情況下，一點一滴灌輸給小孩子的。

有次，因為感冒到住家附近的耳鼻喉科看病，當護士叫到我的掛號號碼，我隨即進入診間候診，由於，我掛號號碼的前面一號，是一個媽媽帶著大約四、五歲的小男孩，因此，當我進入診間時，就看到醫生從抽屜裏面拿出兩顆糖果和一張卡通貼紙給這個四、五歲的小男孩，並且，跟小男孩說：「弟弟乖！把嘴巴張開讓醫生叔叔看喉嚨，醫生叔叔就給你糖果和卡通貼紙，好不好？」

豈知，這個小男孩卻童言童語地向醫生回說：「不好，給我三顆糖果和兩張貼紙，我才要張開嘴巴。」

小男孩語畢，醫生隨即又從抽屜拿出一顆糖果和一張貼紙，然後，跟這個小男孩說：「好！弟弟，這些糖果和貼紙全部都給你，那你要乖乖地張開嘴巴給醫生叔叔檢查你的喉嚨喔！」只見這個小男孩的兩隻小手抓滿醫生給的糖果和貼紙，這才心滿意足地張開嘴巴讓醫生檢查。

以上的診間場景，幾乎每次感冒到診所去看病都會看到，也就是很多醫生為了讓前來看病的小孩子，可以乖乖配合他的一些診察的動作，通常就會拿出一般父母想讓小孩子乖乖吃藥的那套方法，準備一些糖果或卡通貼紙來「利誘」看診的小孩。或許，我們會覺得醫生或一般父母這種為了讓小孩好好配合，用「糖果」來「利誘」小孩，甚至還容許小孩可以跟大人「討價還價」的方法，沒有什麼大不了，但是，我們卻沒想過如果讓自己的小孩，從小就養成當別人想要求自己做不喜歡或不想做的事情，就必須給自己一些「好處」，甚至還可以對別人準備給自己的「好處」討價還價的習慣，那麼這些小孩長大後，一遇到別人想要求他做不喜歡或不想做的事情，也會依樣畫葫蘆地用上述的錯誤價值觀去處理和應對。

例如，有些小孩長大後，到學校讀書，父母為了讓他用功讀書，通常會用鼓勵的口吻跟他說：「只要他考試的成績，可以考到全班前三名，就送他一台平板電腦做為獎勵！」而這個小孩，往往會向父母討價還價說，能不能只要考進前五名就有獎勵，另外獎勵的獎品，除了平板電腦之外，能不能再加一支4G的智慧型手機？

不要用「糖果」來教育小孩

有人說：「從小我們不用大人教，就知道如何討價還價，就知道做任何事情之前，都一定要先知道自己做了之後，會得到什麼好處？」但是，我卻不認為這句話是對的，因為，不論是「討價還價」或是做任何事之前，都一定先見到「好處」的習慣，都是父母從小為了鼓勵小孩，在用「糖果」做獎品的情況下，一點一滴灌輸給小孩子的。其實，我們應該讓小孩知道「討價還價」或許可以得到「好處」，但這種「好處」卻不一定真的對自己有幫助。

被自己討厭的第34種勇氣：

寧可「照單全收」也不要「討價還價」

不要灌輸小孩必須見到「好處」才做事的習慣，否則，小孩長大後就會變成一個沒有「好處」就不做事的唯利是圖之人。

35、做「最壞選擇」的當下，不知道還有更好選擇

當一個人不得不做出「最壞選擇」，往往都是因為他已經沒有其他更好的選擇；但事實是他在決定做「最壞選擇」的當下，並不知道在這個「最壞選擇」之外，還有更好的選擇。

我有個作家朋友，做任何事都喜歡做「最壞的打算」，例如他每次出國旅遊，都一定會提早四個小時到達機場，如果你問他為何要這麼早到機場，他就會回你說：「如果不提早出門、不提早到機場，萬一去機場的路上，遇到高速公路大塞車，飛機可是不等人的！」

又譬如他每次交稿子，一定都會事先請我將他原本排定的交稿時間，往後延兩個禮拜，如果你問他為何在事先就要延後交稿時間，他就會回你說：「因為你也知道嘛，寫書本來就是要靠靈感的，我寧願現在就做最壞的打算，事先多跟你要兩個

禮拜寫稿的時間，也總比到時候，真的萬一寫不完，無法準時交稿給你，要來的好吧！」不過，有次他在沒有使用到事先向我多要兩個禮拜交稿時間的情況下，準時將書稿交給我，我就順勢勸他，不要凡事都做最壞的打算，這次你不就在我原本預定的交稿時限內，將稿子交給我了嗎？

但是，他卻回我說，沒辦法，下一秒還沒發生的事情，誰也無法在上一秒就預料的到，接著他就跟我說，演出詹姆斯・龐德的影星丹尼爾・克雷洛在《007首部曲：皇家夜總會》殺青後，接受記者專訪時說道：「當初他接拍這個自己夢寐以求的龐德角色時，就已經做好隨時會在拍片期間受傷的準備，因為，他認為演出龐德這個全世界最偉大的情報員，如果還毫髮無傷，就代表自己沒有用心去詮釋。」

這個作家朋友語畢，隨即又接著說：「所以，我以後面對任何問題，還是會跟丹尼爾・克雷洛一樣，隨時做好『受傷』的最壞打算。」

做最壞打算的同時，也要做最好的準備

某位知名作家曾經寫道：「我們都會認為，當一個人不得不做出『最壞的選擇』，往往都是因為他已經沒有其他更好的選擇；但是，我卻認為這些做出最壞選

擇的人，應該不完全是真的已經沒有其他更好的選擇，而是，他在決定做那個『最壞選擇』的當下，並不知道其實還有比這個『最壞選擇』之外的更好選擇，或者是他在決定做那個『最壞選擇』的當下，誤認為這個『最壞選擇』才是所有選擇當中的『最好選擇』。」

其實，每個人在做選擇的那一剎那，都不敢斬釘截鐵地認為自己所做的選擇，到底是「最好的選擇」還是「最壞的打算」？

但是，不論自己所做的「選擇」是「最好的選擇」還是「最壞的打算」，都必須提醒自己為自己的「選擇」做最好的準備。

被自己討厭的第35種勇氣：

不做為自己留後路的「最壞的打算」

有時候，我們認為的「最好選擇」往往會得到「最壞的結果」，通常我們認為的「最壞打算」有時候反而會獲得「最好的結果」。

36、你的選擇，決定人生的轉折

如果在人生的轉彎處，可以捨棄過去自認為對自己好的選擇，然後，去做一個完全不同的選擇，或許我們就有機會過著比現在還要幸福的生活。

有次，我應邀到社區的心靈成長班去跟學員分享這些年我創作心靈勵志書的心得，一開始上課的時候，我便拿起學員名單，開始點學員起來問問題。

「請問坐在第一排後面的章先生，如果早上你到外面吃早餐，你會選擇吃『麥味登』？還是吃『麥當勞』？」我問。

「應該是麥當勞，因為，他們有讓開車的上班族不用下車就可以點餐的窗口。」章先生答說。

「坐在第四排前面的黃小姐，每天早上妳去上班，妳會選擇自己開車，還是搭大眾交通工具？」我問。

「搭大眾交通工具，因為現在捷運還蠻方便的，而且，油價越來越貴。」黃小姐答說。

「最後我要問小江，請問你早上到了公司開始上班，你會選擇先在公司整理業務？還是先外出去拜訪客戶？」我問。

「我會先在公司整理要拜訪客戶的資料，才會外出拜訪客戶。」小江說。

「相信大家剛才都聽到了，光是我們每天早上一睜開眼睛後，就至少必須做出剛剛我問那三位學員到底要吃什麼早餐？搭什麼交通工具去上班？以及到了公司上班後，要先做那些工作的『選擇』。」

我將學員名冊合上，繼續說：「剛才問的這些都只是平常上班要做的一些最基本的選擇，如果再包括下班後的休閒活動，到底要選擇去打球？還是去爬山？假日跟朋友聚餐，到底要選擇吃火鍋？還是吃牛排？甚至，當我們快走到人生盡頭時，都還要選擇自己往生之後，到底是要土葬？還是火葬……等等，可以說我們的人生，幾乎就是由一連串大大小小的『選擇』所組合起來的。」

你的選擇決定你是否能過幸福生活

的確，每個人的人生，都是由一連串大大小小的「選擇」所組合起來的。而且，有時候，我們還會一直重覆做著過去曾經做過的「選擇」，還不自知。

雖說我們即便閉著眼睛做出一些不是很ＯＫ的「選擇」，都是自己的選擇，別人無權也不能干涉，因為最後必須為自己所做的「選擇」，付出代價的人，還是自己。但是，我們是否曾經想過，如果在人生的轉彎處，可以捨棄過去自認為對自己好的選擇，然後，去做一個完全不同的選擇，或許，就有機會過著比現在還要幸福的生活。

換句話說，如果我們懂得在人生的轉捩點，放下根深蒂固的我執和成見，去做出跟當初完全不一樣的抉擇，也許就能擁有一個跟現在完全不同的人生。

被自己討厭的第36種勇氣：

做自己最不想做的選擇

當我們面對人生每個階段的「選擇」，都必須慎重，因為，我們的「選擇」，往往會在無形中決定自己的人生會出現什麼樣的轉折。

第五章

沒有人喜歡太真實的真相

雖說每個人都希望別人對自己老實，
但在潛意識裏，卻又不希望別人真的對自己「實話實說」，
尤其是這些「實話」一說出來，
會讓自己的內心立即受到傷害……

37、沒出過問題的事，不一定就是對的事

我們往往會因為「沒有出過問題的事，就是對的事」的心靈盲點，才會讓自己生活在用「積非成是」堆積的人生泥淖之中。

有天，我在咖啡店寫完稿的時候，騎著機車回家，由於，當天我沒什麼創作靈感，因此，寫稿寫的並不順利，心想會不會是我每天早上都走同樣的路線到咖啡店寫稿，晚上寫完稿也一樣走同樣的路線回家，所以，在這種一層不變的生活模式之下，才會讓自己的靈感在「思路」上面遇到「塞車」。

於是，我索性就在等完紅綠燈後，將機車轉個彎，捨棄了平常回家經常會走的路線，改走另外一條比較少走的回家道路，看看會不會因為改變回家的路，可以讓自己重新「文思泉湧」。

但是，當我改變回家路線騎著車回到住家附近，直接轉彎進入另一條道路的時候，卻被躲在一旁取締違規的交通警察吹哨攔了下來，原本我以為只是一般例行的路邊臨檢作業，所以，也就從容地將機車停在交通警察旁邊。

豈知，這個交通警察卻對我說，我剛才沒有依規定停在前面路口，做兩段式左轉，因此，請我將行照和駕照拿出來，交給他開罰單。

當時的我，一聽到交通警察說我沒有依規定「兩段式左轉」，而且，還準備開我罰單，立刻情緒有點激動地向交通警察反駁說：「警察先生，前面的路口，哪個時候要開始『兩段式左轉』？為什麼我以前走這條路沒有『兩段式左轉』，以及剛剛前面的人也是這樣走，都沒事呢？」

只見交通警察一邊低著頭寫罰單、一邊用淡定的語氣跟我說：「先生！你以前走這條路，沒有『兩段式左轉』，以及別人也都這樣走，都沒事，並不代表沒依規定『兩段式左轉』這件事，就是一件對的事啊！」

其實，我們總是以為「以前都這樣做」，或是「別人也這樣做」都從來沒有出過問題的事，就是一件對的事，就像前面開我罰單的那位交通警察所說的「以前的自己或是別人也這樣做」都沒事的「這件事」，如果是錯的，並不會因為大家都在做，就會變成對的事。

我們每天做了很多自以為對的「錯事」

我們往往會因為「從來沒有出過問題的事，就是對的事」的心靈盲點，才會讓自己生活在用「積非成是」堆積的人生泥淖之中，而不自知。

殊不知，在「積非成是」情況下，生活的我們，如果運氣好一點，可能只是會被人生道路上的「交通警察」開開「罰單」，警告一下，如果運氣壞一點的話，可能就會因為在人生道路上，沒有依規定「兩段式左轉」，因而，發生難以挽回的「致命車禍」。

被自己討厭的第37種勇氣：

不一味地把出過問題的事都當成「錯事」

事情的對錯，並不在於是否出過問題，而且，有時候就算出過問題的事，也不一定都是錯的事。

38、我們每天都在「弄假成真」

在日常生活中，每件事情在還沒完成之前，都是假的，換言之，我們每天所做的每一件事，其實，都是一種「弄假成真」的過程。

我有位台灣早期的導演朋友，有天突然打電話約我到他家附近的咖啡店喝咖啡，我一到了咖啡店，看到他正聚精會神地在看一本他以前創作的電影劇本，於是，我就用開玩笑的口吻跟他說：「導演！是不是準備要拍電影……如果電影還缺編劇，可別忘了通知我喔！」

我的話一說完，剛才埋頭在看劇本的導演朋友，隨即抬起頭用興奮中又帶點神祕的語氣跟我說：「沒錯！我那個富豪同學要投資三千萬讓我拍電影。」

導演朋友語畢，我立即向他道喜說：「導演，恭喜你，在這種景氣下，還有人願意拿錢出來讓你拍電影，你可要好好把握這個千載難逢的機會。」

我的話還沒說完，導演朋友立刻插話說：「不過，我那個富豪同學做任何跟他本業無關的事，往往都只有三分鐘的熱度，我今天打電話找你出來，就是想請你幫我想想辦法，看看要用什麼方法，才可以讓我那個富豪同學真的將錢拿出來。」我聽完導演朋友的話之後，隨即回說：「其實，要讓你那個富豪同學真的拿錢出來讓你拍電影，也沒有那麼困難，只要你能做到四個字。」

「哪四個字？」導演朋友用有點疑惑的語氣問我。

「弄假成真！」我用不疾不徐的語氣回說。

導演朋友一頭霧水地問我說：「弄假成真？是什麼意思？」

「所謂『弄假成真』的意思就是說，即便你那個富豪同學跟你說要投資三千萬讓你拍電影，只是一時的心血來潮，隨口說說的『假話』，就算你那個富豪同學說要投資三千萬讓你拍電影，只有三分鐘的熱度……」

我喝了一口咖啡，繼續向導演朋友說：「只要你能將他隨口說說的『假話』和他即便只是三分鐘的『熱度』，真的當成一回事來處理，開始如火如荼地積極進行電影的籌拍企劃，以及敲鑼打鼓地將準備籌拍電影的消息發給媒體，硬是將他的

『假話』弄成『真話』，將他的『三分鐘熱度』讓『生米』煮成『熟飯』，屆時你的那個富豪同學不認都不行。」

所有「真的」事情，都是從「假的」開始

在日常生活中，每件事情在還沒完成之前，都是假的，換言之，我們每天所做的每一件事，其實，都是一種「弄假成真」的過程，也就是說無論你的活動企劃再如何可行，但是在所企劃的活動，還沒開始執行之前，這個「活動」充其量也只不過是一個在紙上的「假活動」而已。只有你真正按照活動企劃裏面的執行項目，一項一項地在現實生活中確實執行起來，這個原來在紙上的「假活動」，才會變成在現實生活中的「真活動」。

被自己討厭的第38種勇氣：

把「承諾」當成讓別人同意的工具

你向別人承諾的所有事情，在還沒開始兌現執行之前，充其量也只不過是一些「假的」承諾。

39、長得很像真相的假相

即使是親眼看到的「真相」，很有可能也只是披上一層「真相」表皮的「假相」，換句話說，很多讓我們深信不疑的「真相」，往往只是長得比「真相」還要像真相的「假相」。

有次，好友阿迪發Line跟我說：「他的大學同學小晶，一畢業踏進社會，就進入一家廣告公司當ＡＥ，由於，她經常必須跟著同組資深男ＡＥ出去跑業務，於是，在朝夕相處、日久生情的情況下，就跟這個資深男ＡＥ在一起，談起令人羨煞的辦公室戀情。」

「然後呢？」我回Line向好友阿迪問道。

「然後，當小晶跟那個資深男ＡＥ開始進入熱戀的時候，她卻發現男友經常會背著她接一些不知道是誰打給他的電話，而且，有時候，電話一講就是二、三十分鐘……」阿迪在Line的對話框寫道。

「莫非是那個資深男ＡＥ有小三？」我好奇地在Line的對話框向阿迪問道。

「嗯！一開始小晶也是懷疑她的男友是不是背著她有小三，因此，有次她就偷偷跟蹤男友到了一家五星級飯店附設的咖啡店，果然看到男友跟一個外型亮麗的女孩，做出一些如果不是男女朋友，不會做出的親暱動作。例如兩人互相交換飲料喝，用面紙互相幫對方插拭嘴角。」阿迪在Line的對話框寫道。

「嗯！這個資深男ＡＥ果然有小三。」我在Line的對話框向阿迪問道：「後來呢？你的大學同學小晶，是不是當場過去給她的男友和那個小三難堪。」

「當然，小晶當然不會放過給這對『姦夫淫婦』難堪的機會。」阿迪在Line的對話框寫道：「不過到最後，當場難堪的人，卻是我的大學同學小晶。」

「為什麼？」我在Line的對話框不解地向阿迪問道。

「因為，原來那個男ＡＥ在跟小晶在一起之前，早就跟那個外型亮麗的女孩是男女朋友好多年了……」阿迪在Line的對話框寫道：「換句話說，小晶才是介入那個男ＡＥ跟他女朋友之間的小三。」

別讓「自以為」矇住判斷是非的眼睛

當初以「無印良品」歌唱團體出道的歌手品冠，在發表以三個人愛情故事為主軸的「我以為」歌曲時，向到場的記者說道：「很多時候，我們經常以為別人是『第三者』，但卻從沒想過，說不定自己才是介入別人感情的那個『第三者』。」

其實，我們不僅在感情上，經常會以為別人是「第三者」，不知道原來自己才是自己最痛恨的那個「第三者」，有時候，甚至還會在事業上，一味地以為別人是自己成功的破壞者，但卻不知道原來自己才是讓自己無法成功的始作俑者。

因此，當我們每次無法如願達成某種目標的時候，不要「自以為」問題一定是出在別人身上，不妨先靜下心來捫心自問，會不會自己才是整件問題的「始作俑者」呢？

可別被「自以為」這塊「黑布」矇住眼睛，以致於讓自己看不到自己原本早就該看到的真相。

被自己討厭的第39種勇氣：

不相信深信不疑的「真相」

我們經常以為別人是「第三者」，但卻從沒想過，說不定自己才是介入別人感情的「第三者」，相同的道理，我們自認為的「真相」，往往只是經過包裝的「假相」。

40、很像「好球」的壞球

如果想要讓對手「三振出局」，不一定要讓自己擁有很多「球路」，或是刻意去增加「變化球」球種，其重點應在於如何投出讓站在「打擊區」的對手，看起來很像「好球」的壞球。

二〇一三年六月十二日，好不容易披上藍鳥隊戰袍，重新踏上大聯盟投手丘的王建民，在第二場對遊騎兵主投七局無失分，獲得在藍鳥隊的首勝後，卻連續兩場投不滿三局就被打爆，因而黯然被換下場，甚至在賽後被球團用迅雷不及掩耳的速度，下放到３Ａ小聯盟。

在王建民被下放到３Ａ小聯盟的隔天，我跟同樣喜歡看棒球的好友小陳，聚在一起的話題，當然就是討論王建民為何會連續兩場投不滿三局，就莫名地被打爆下場……

小陳說：「王建民因為前幾年受傷，再加上這次復出披上藍鳥隊戰袍之前，長期缺少面對像大聯盟等級重砲手的實戰經驗，來磨練自己的伸卡球，因此，他的伸卡球尾勁，已經不像當年在洋基隊全盛時期那麼會跑，所以才會被打爆。而王建民的當務之急，應該要趕快多練幾種變化球，來搭配已經沒有那麼犀利的伸卡球。」

聽完小陳的分析，我隨即回說：「你剛才的說法，我只同意王建民的伸卡球尾勁，已經不像當年他在洋基隊全盛時期那麼會跑，至於，要多練幾種變化球，我的看法則是跟你不一樣。」

「是嗎！」小陳說：「難道你不認為王建民必須多練幾種變化球嗎？」

「沒錯！」我回說：「我認為一個好的投手，其實球路不必多，也不一定要拚命增加變化球的球種，只要他能夠學會投一種必殺球？」

「什麼必殺球？」小陳不解地問說：「曲球、滑球、指叉球、下沉球、蝴蝶球……」

「都不對！」我回說：「這種必殺球就是看起來『很像好球的壞球』。」

想「三振」對手，不一定要用「好球」

其實，如果人生是一個棒球場，那麼在這個競爭激烈的「人生球場」，身為「投手」的你，想要讓對手「三振出局」，並不一定要讓自己擁有很多種「球路」，或是刻意去增加「變化球」的球種，企圖讓自己每一球都能投出「好球」，因為，你越是想投「好球」，越可能會投出連「好球帶」都摸不到的「壞球」。

因此，站在「人生球場」投手丘的你，如果不想跟王建民一樣陷入「投不滿三局就被打爆」的魔咒，其重點應在於如何隨心所欲地投出讓站在「打擊區」的對手，看起來很像好球的壞球，如此一來，才能投出自己的人生「好球」。

被自己討厭的第40種勇氣：

大膽投出對手想要的「壞球」

越是想投「好球」，越是會投出連「好球帶」都摸不到的「壞球」，而這種每個人都逃不過的莫非定律「魔咒」，其實都是我們的得失心在作祟。

41、「實話」通常會讓自己傷很大

雖說每個人都希望別人對自己老實，但在潛意識裏，卻又不希望別人真的對自己「實話實說」，尤其是這些「實話」一說出來，會讓自己的內心立即受到傷害

某位讀書會同學，有次在讀書會結束後，問我有沒有空，她有一些事情，想要聽聽我的意見，我回她說：「有什麼事情，可以直接說出來，沒有關係，我可以試著站在比較客觀的角度，給妳一些比較中肯的意見。」

讀書會同學說：「那我就直說了，昨晚我老公又徹夜未歸，直到清晨才回家……」

「是嗎？」我問說：「那妳有問他為什麼會到清晨才回到家嗎？」

讀書會同學回說：「有！當他一回家，我就擺出強硬態度，叫他老實交待昨晚到底是跑到哪裏鬼混？為何手機打不通，是不是跟哪個小三去開房間？」

「那妳老公是不是跟妳說他去參加同事慶生，當慶完生後，同事起鬨去ＫＴＶ夜唱，他為了不掃壽星的興致，所以才會跟大家夜唱到清晨才回到家。」我問說。

「不是！」讀書會同學說：「『幫同事慶生，到ＫＴＶ通宵夜唱』這個理由，我老公在上個禮拜已經用過了。」

「那妳老公是不是跟妳說他原本留在辦公室加班到十點，好不容易將隔天主管要向總經理提報的年度企劃做好，但卻因為忘記按存檔，導致他花了五個小時做的企劃案全部不見。」

我說：「因此，他只好馬上到公司樓下的超商，買了三罐超濃黑咖啡，然後，回辦公室挑燈夜戰，連夜重新將隔天要交給主管的企劃案做完。」

「也不是！」讀書會同學說：「我老公本身就是公司主管，所有向高層提報的企劃案，都有特助幫他做好，因此，這個理由，即便他想用也沒辦法用。」

「那妳老公到底跟妳招了些什麼？」我問：「妳怎麼看起來一臉心事重重的。」

「我老公……他竟然老實地跟我說，沒錯！他就是到小三家裏過夜……還說準備找律師跟我談離婚問題。」讀書會同學用落寞的語氣說：「雖然，在當時我的確希望他能老實交待他昨晚在哪裏過夜，但當他真的跟我說了『實話』後，我反而又希望他可以隨便編一個我可以接受的『理由』來交待他昨晚沒回家的事情……」

有些「實話」，會讓你不得不去面對原本不想直接面對的問題

雖說，每個人都希望別人對自己老實，但在潛意識裏，卻又不希望別人真的對自己「實話實說」，就像我的那位讀書會同學一樣，表面上非常強勢地要求徹夜未歸的老公能夠坦白整個晚上跑哪裏鬼混。

但是，私底下卻又不希望從她的老公口中，聽到他夜不歸營的原因，真的就是跟小三過夜的「實話」！

因為，這種「實話」，代表著她跟她老公的婚姻問題，正式從檯面下搬到檯面上，這種「實話」，代表著她必須被迫在「原諒老公的不忠」和「跟老公離婚」這兩個選項當中，做出一個選擇；因為，這種「實話」，讓她無法再像以前一樣，可以對她老公疑似出軌的行為「睜一隻眼、閉一隻眼」，甚至讓她從此無法在別人的面前，繼續「裝幸福」！

被自己討厭的第41種勇氣：

「睜隻眼、閉隻眼」不去打破砂鍋問到底

如果「真話」會毀掉你好不容意才得到的幸福，你還會打破砂鍋問到底嗎？諷刺的是，絕大多數的人還是依然不見棺材不掉淚、不到黃河心不死。

42、模仿你的人，只不過是你的「山寨版」

有人模仿你，就表示你有被人模仿的價值，有人模仿你，就代表你的所作所為，已經受到別人的肯定。

前幾年，我在逛書店時，突然發現有家出版社出版了一本從大陸簽回來的職場勵志書，其書名跟我之前出過的一本書的書名一模一樣，因此，在好奇心的驅使下，我就將這本書拿起來翻閱了幾頁，豈知，在隨便翻閱的情況下，竟然發現書裏面，有幾頁的幾個段落，跟我出過的書的內容，完全一樣。

於是，我索性就將這本書買了回去，花了四個小時，將這本書一頁一頁從頭到尾，仔細閱讀過一遍，赫然發現這本書有將近三分之一的內容，一字不漏地抄襲我之前出過的書，因此，我就用紅筆將這本書抄襲我的部分一段一段標示出來，然後，全權授權出版社，代我處理這樁著作權被侵犯的事情。

後來經過出版社透過經銷商跟大陸出版社交涉的結果，對方坦承侵犯我的著作權，希望私下用賠償來跟我和解。原本我想跟劉墉一樣，跨海到中國大陸去跟對方打著作權官司，但是出版社老闆跟我說到中國大陸打官司，不僅曠日廢時，而且最後就算打贏了，也不見得可以獲得比私下和解，還要多的賠償金，就像當年劉墉花了將近三年的時間，跟中國大陸打著作權官司，最後雖然勝訴，但卻只獲得兩萬元人民幣的賠償金，因此，我才勉強同意接受對方的和解條件。

這件大陸侵權事件，告一段落後，我遇到一位同樣也是在做出版的朋友，於是，就跟這位朋友抱怨說道：「大陸的著作權觀念怎會這麼淡薄，竟然大膽到一字不漏地照抄我的書，想抄襲別人的作品，好歹也要稍微修改一下嘛！」

朋友聽完我的抱怨之後，就跟我說：「前一段時間因為血癌過世的高凌風，面對『抄襲』這件事，有一些跟常人不同的看法！」

我回說：「什麼不同的看法，可以說來聽聽嗎？」

「當然可以！」朋友說：「當年一邊拿著打火機，一邊唱著『冬天裏的一把火』，紅遍大街小巷的青蛙王子高凌風，在生前有次接受媒體訪問，回憶起四、五十年前，自己那個拿著打火機，上下比畫的招牌動作，屢屢被後輩藝人拿來模仿時，對記者說道：『有人模仿你或抄襲你的創作，就表示你建立了一個別人無法取代的品牌，這就像大家爭相模仿瑪麗蓮夢露用手護著被風吹起的裙子、李小龍耍雙節棍的招牌動作一樣……』」

如果你沒被別人模仿的本事，別人才懶得模仿你

上述高凌風向記者所說的那段話語，清楚地指出「有人模仿我們，就表示我們有被人模仿的價值，有人抄襲我們的創作，就代表我們的創作，已經受到別人的肯定。」的確，我們既然無法預防或阻止別人模仿自己，何不就張開雙手，歡迎別人來模仿自己，因為，別人再如何將你模仿的唯妙唯肖，終究也只是你這個「本尊」的「山寨版」而已。

被自己討厭的第42種勇氣：

隨時歡迎別人模仿自己

別人模仿你，那是因為你有值得他模仿的地方，否則，就算你拿錢拜託別人模仿你，別人也不見得會同意！

43、用假的「我」跟別人互動有什麼不好

既然沒有「我」的存在，這個「我」的性別到底是真是假也就沒有那麼重要了。

兩年沒見的友人治昌，有次突然寫mail給我，邀請我加他的臉書，但是，當我用滑鼠的游標，點進他寄來的臉書連結網址，赫然發現他的臉書，是一個看起來就像是女生所經營的版面，為了證實這個臉書是不是治昌所開，於是，我就看一下他的臉書基本資料，發現臉書版主的名字「若然」，的確是治昌的暱稱，但是，臉書上版主基本資料的性別，卻註記女性。

於是，我就好奇地寫了一封mail寄給治昌，問他為何臉書的版主性別會是女性？兩天後，治昌在臉書的線上敲我，向我回說他的臉書上的性別，會註記女性，主要是因為一個美麗的錯誤。

我看了治昌的回覆，隨即敲著鍵盤在臉書上的對話框上寫著：「是什麼美麗的

錯誤？」

治昌立刻在線上回覆寫著：「因為，以前我的臉書原本是用來當做我的化妝品公司的網路行銷網頁，因此，一開始是由我公司的行銷人員在經營，而這個行銷人員是個女生，後來經營臉書的行銷人員離職後，我索性就自己接手經營，但接手後，我發現我的臉書好友不知道經營的版主已經換人，還是繼續在臉書上以『好姐妹』、『姊妹淘』來稱呼我。」

我在線上看完治昌的這段回覆後，敲著鍵盤回應他：「那為何你不跟你的臉書好友，更正你的性別呢？」

治昌在線上回覆說：「一開始我也想過跟這些臉書的好友，表明自己的身份和性別，但後來心想，如果在網路虛擬世界，自己是女生的身份好像也不錯，因為，如此一來，就可以用這種虛擬的女生身份，更深入地知道女生的心裏在想什麼，而這對我目前做的化妝品生意，也會有所幫助，因此，我就將錯就錯，繼續在臉書上用女生的身份。」

我看完治昌在臉書線上的解釋後，便在線上回他：「這樣做，好嗎？這跟詐騙集團有什麼兩樣，還虧你平常有在修行。」

但是，治昌卻在線上回我說：「就是因為我有在修行，我才不認為用女生身份，在臉書上與好友互動，有什麼對不對的問題。」

我在線上看到治昌的回覆，就問他：「你為何會這麼說？」

治昌則是用帶點禪味的語氣在線上回說：「我們都以為有一個『我』，每天起床去上班，有一個『我』，每天上臉書跟網友互動，但在禪修的觀點來說，這個我們以為每天上班和上臉書的『我』，根本就不存在，因此，既然沒有『我』的存在，這個我們認為每天上臉書的『我』的性別，到底是真是假，也就沒有那麼重要了，只要不要用假冒的性別，在臉書上做出任何傷害好友的事情，就可以了。」

在網路世界，沒有人會在乎你是誰

其實，在社群網站或部落格，有些人喜歡用假的「我」，也就是用暱稱以及虛擬的性別跟網友互動，而這也就是網路的虛擬世界跟現實世界不一樣的地方，而且，在網路上跟你互動的好友並不會因為知道你是誰，才跟你互動，而是純粹喜歡你po的文章，或是跟你有共同喜歡的話題才跟你互動，因此，你在網路這個虛擬世界到底是誰？並沒有那麼重要。

被自己討厭的第43種勇氣：

不在乎別人是否在乎自己

我們到底是「誰」並不重要，重要的是我們為何是自己或別人所認為的那個「誰」？只要自己的所作所為對得起自己，別人在不在乎自己，其實並沒有那麼重要。

44、不要相信自己的「眼睛」

有很多讓我們深信不疑的「誤會」，其實都是起源於我們眼睛所看到的事物，因為，我們始終相信自己親眼所看到的，就是不容抹滅的事實。

前些日子，我在咖啡店敲著筆電的鍵盤寫稿的時候，朋友阿鳴突然打電話跟我說，他準備要跟他老婆離婚，我聽了之後，嚇了一跳，心想，阿鳴會不會是在跟我開玩笑，因為，他跟他老婆才剛結婚不到一年，怎會說要離婚就離婚呢？

於是，我隨即看了一眼電腦螢幕右下方的日期，確定當天並不是四月一日「愚人節」，而且，剛才聽阿鳴的落寞語氣，應該不像是在說「玩笑話」。

因此，我就用關心的口吻問他：「到底發生了什麼事？為什麼突然想要跟你老婆離婚呢？」

阿嗚隨即答說：「因為，我老婆昨天下午，竟然背著我跟她公司的男同事到汽車旅館開房間。」

阿嗚語畢，我隨即向他問說：「真的有這種事？會不會有什麼誤會？」

阿嗚回我說：「一開始，我大學同學小張跟我說他開車在汽車旅館附近等紅燈的時候，看到我老婆跟一個男孩子有說有笑地從汽車旅館走出來，我也是不相信，但當我從小張車上的行車記錄器，看到我老婆跟他公司的男同事從汽車旅館走出來的畫面時，這才不得不接受這個殘酷的事實，但是我又不知道應該怎麼跟我老婆『攤牌』，才想打電話聽聽你的意見。」

我聽完阿嗚在電話中述說為何要跟他老婆離婚的原因後，隨即又看了一眼電腦螢幕右下方的日期，發現當天是二月一日。

於是，我向阿嗚問說：「我記得你老婆是在一家婚友公司擔任行銷企劃，會不會是二月十四日西洋情人節快到了，你老婆跟部門的男同事是去跟汽車旅館洽談情人節的活動企劃呢？」

阿嗚聽完我的猜測之後，隨即跟我說：「你剛才的猜測好像也有幾分道理，問題是我該如何去查證這件事情呢？」

我跟阿鳴說：「想查證這件事情，其實很簡單，只要打通電話去問一下那家汽車旅館，他們在最近這段時間，有沒有跟你老婆的婚友公司配合一些活動，不就可以得到答案了。」

阿鳴掛了我的電話後，不到十分鐘又打電話給我，這次我從他在電話中叫我名字的語氣來判斷，他跟他老婆的問題應該已經解決了，果然，阿鳴在電話中，用雀躍的語氣跟我說，他剛才聽我的話打電話到那家汽車旅館，汽車旅館的企劃部人員跟他證實，他老婆的婚友公司在二月十四日情人節要跟他們汽車旅館租場地，辦一場未婚男女的聯誼活動，而跟他們汽車旅館接洽的活動承辦人員，也的確就是那位跟他老婆一起走出汽車旅館的男同事。

就算親眼目睹的事情，也不一定就是「真相」

在日常生活中，有很多讓我們深信不疑的「誤會」，其實都是起源於我們眼睛所看到的事物，因為，我們始終相信自己親眼所看到的，就是不容抹滅的事實。

因此，我們都寧願相信自己親眼所看到的「事實」，也不願意相信別人所做的任何解釋。

被自己討厭的第44種勇氣：

不去相信那個深信不疑的「自己」

真正的「事實」，往往不是真的如我們「眼睛」所看到的如此那般，因為，我們經常只看到整件事實的某一個片段。

45、在利益前面，每個人都會「見風轉舵」

「用今天的自己去否定昨天的自己」沒什麼不對，只要「今天的自己」比「昨天的自己」優秀。

前兩年，我在參加公視人生劇展徵選的《心鈴》劇本裏面，寫了一個讓一直不肯面對自己的男主角在最後一個轉念之間，放下所有的愛恨嗔癡，進而找到原本就一無所有的「自己」的故事。

故事的內容大概是說，有位禪師問家浩：「現在有兩扇門，一扇是白色的，另外一扇是黑色的，如果打開白色的門，可以得到想得到的東西，打開黑色的門，就會失去想得到的東西，你會打開哪扇門？」

家浩不假思索地回說：「打開白色的門！」

禪師接著再向家浩問說：「如果那扇會讓你失去一切的黑色門，是通往天堂，另外一扇會讓你得到一切的白色門，則是通往地獄，你還會打開白色的門嗎？」

家浩回說：「不會，我會打開黑色的門！」

禪師聞言，隨即向家浩問說：「你是否曾經想過，到底是什麼原因，可以讓你在一分鐘前，決定打開白色門，但在一分鐘後，卻又立即改變決定，打開黑色門呢？」

家浩無語，禪師就對他說道：「其實，答案很簡單，那就是會讓你在瞬間『見異思遷』的原因，都是因為潛藏在內在那些叫做『貪、嗔、癡』的『自己』在作祟，以及你無法面對那個可能失去一切，從此一無所有的自己，因此，才會不惜用後一分鐘的決定去否定前一分鐘的選擇，用今天的自己去否定昨天的自己。」

問題背後的問題，才是真正必須去解決的問題

當沒有利害關係當頭的時候，每個人都可以做一個非常有原則的人，然而，一旦面對攸關自己的利益時，大部分的人都會像上述故事的家浩，可以在前一分鐘決定打開白色的門，後一分鐘又馬上改成打開黑色的門，而且，當你質疑他為什麼無法堅持自己原本的選擇，他可能會向你回說：「選擇，有時候是可以視情況調整的，要不然也就不會有『識時務者為俊傑』這句成語的存在了！」

但是，話又說回來，我們也不必因為怕被別人說自己一見到利益就動搖自己的原則，因而不去打開明知對自己有利的那扇門，而是必須有辦法做到就算打開那扇對自己有利的門，仍然不會被門內的利益所誘惑。

上述故事還有另一層意義，那就是要提醒我們，對自己好的人不一定就是好人，對自己不好的事，也不一定是壞事，因此，當我們遇到任何問題不能只是看問題的表面，而是要試著繞到問題的背面，去看問題背後的問題。因為，只要我們懂得去看問題背後的問題，就會恍然發現原本認為是問題的問題，根本就不是問題，反倒是原先認為不是問題的問題，才是真正必須去解決的問題。

被自己討厭的第45種勇氣：

承認自己是一個「唯利是圖」的人

如果有人告訴你，只要跳下「懸崖」就可以得到你想得到的一切，你會不顧一切地往下跳嗎?不容否認的，絕大多數的人到最後還是會往下跳。

46、被詐騙的人，都是自己太相信自己

所有會被詐騙的人，都是因為自己太相信自己，否則，一些詐騙的老梗，就不會一再地得逞。

前兩年，發生了一則頗讓人覺得不可思議的社會新聞，那就是有位曾經在政府當過高官的官員，竟然被詐騙集團的「老梗」騙走了一百二十萬元。

而這位政府前高官，被詐騙集團詐騙得手的新聞遭媒體披露之後，向媒體表示，他之所以會受騙上當，主要是歹徒一打電話來劈頭就跟他說他的兒子幫朋友做保，而兒子的朋友跑路了，因此，他的兒子必須負責還錢；現在，他兒子在他們手中，如果他不想白髮人送黑髮人，就不要掛斷電話，並聽從指示到銀行領錢，然後，再將領到的錢，按照指示丟到他們要他丟的地方。

這位政府前高官為了幫自己為何會被「詐騙老梗」辯駁時，進一步表示，其實，一開始他也曾經想過自己接到的這通電話，會不會是詐騙電話，但是，歹徒刻意讓他兒子呼叫「爸爸快來救我」的哭喊聲，透過話筒讓他聽到。

或許，是愛子心切的關係，因此，在那個剎那間，他覺得電話那端兒子的哭喊聲音，跟自己兒子的聲音極為相似，而且，他為了證實電話那端哭喊的聲音主人，真的是他的兒子，還透過電話問了自己妻子的名字以及出生年月日，沒想到電話那端的兒子，竟然完全答對，而這也讓他深信不疑地認為電話那端在哭喊救命的人，確實就是自己的兒子。

所以，在對方要脅不能掛斷電話，讓自己沒有機會打電話查證的情況下，他才會為了兒子的生命安全，寧願相信自己當下的直覺，因而，讓歹徒詐騙金錢得逞。

最後，這位政府前高官，還抱怨說要怪只能怪現在的這些詐騙歹徒，實在太厲害了，竟然連他的個資都掌握的一清二楚。

越是驚慌失措的時候，越需要保持冷靜

其實，所有會被詐騙的人，都是因為自己太相信自己，否則，像這種你的兒子或女兒在我們手上的詐騙老梗，就不會一再地讓不應該被騙的人受騙上當。

或許，你會認為現在的詐騙歹徒也知道只要讓被詐騙者有機會掛斷電話，被詐騙者就會趁機打電話去向宣稱被他們綁架的人求證，因此，才會要脅被詐騙者不能掛斷電話，否則，就會對他們的親人不利，所以，也不能完全怪這些被詐騙者，怎麼會被老梗詐騙。但問題是如果這些被詐騙者在被詐騙的過程，有冷靜地想過，即便自己的親人真的被歹徒綁架，歹徒的最後目的，無非就是要錢，因此，又怎會將可以向自己勒索到金錢的肉票，輕易地就撕票呢？

而且，就算被詐騙者在當時沒有想到這點，那麼當他們按照歹徒的指示到銀行領取巨額金錢，在填寫提款單的時候，總可以將自己疑似被歹徒綁架的親人的電話號碼，或將自己被勒索的事情寫在提款單。

然後，暗地請銀行行員幫自己打電話向自己親人求證，或是幫自己報警吧！

被自己討厭的第46種勇氣：

不相信自己的「直覺」

有時候，我們就是太過於相信自己當下的「直覺」，太過於相信自己當下的判斷應該沒有錯，因此，才會被詐騙的歹徒一味地牽著鼻子走。

第六章

換個角度，人生開始不一樣

遇到「塞車」塞到動彈不得的我們，
與其坐在車中苦苦等待，
還不如換個角度將這段意外多出來的「塞車時間」
當成老天爺送給我們的「充電時間」，
可別讓自己的「腦子」也跟車子一樣塞在路上。

47、只要決定改變，就會開始變得不一樣

也許我們待在目前這個熟悉環境，比較得心應手，但是，這樣的環境卻會讓我們變成一隻在溫水中漸漸被煮熟的青蛙，在無形之中，一點一滴麻痺了自己想求新求變的意志。

友人阿雄有次到我每天寫作的咖啡店找我，他開門見山就向我問說：「現在我有一個創業的機會，如果我決定放下目前這個穩定高薪的工作，自己出去創業，那麼前面兩年，我不僅無法像現在一樣，每個月有八萬元的薪水收入，而且，還要將過去的積蓄全部投進創業基金裏面，你認為我到底是該放手一搏？還是認分地繼續當目前領死薪水的上班族。」

我聽完阿雄這個該不該為了創業，放下目前所擁有的問題時，並沒有直接給他

「yes」或「no」的答案，而是反問他有沒有看過影星梁朝偉所主演的《二〇四六》電影？

阿雄回說：「沒有，不過你突然問我有沒有看過《二〇四六》，跟我剛才問你的那個問題有關係嗎？」

「當然有關係！」我說：「因為，這部由香港導演王家衛所執導的《二〇四六》電影，透過由影星梁朝偉在片中飾演的作家，所寫的關於二〇四六年的小說，描述二〇四六年是一個所有事物都不會改變的年代。但是，只要去過二〇四六年的人，都沒有再回來過，因此，無法證明是否真實，除了有一個人，因為，想改變，因而選擇離開這個讓很多人去了就不想再回來的『二〇四六』。」

阿雄聽我講完《二〇四六》電影的梗概之後，隨即回我說：「你的意思是叫我做電影當中那個因為想『改變』，而選擇離開『二〇四六』的人嗎？」

「不對！」我說：「我的真正意思，是想叫你先確認一下目前那個月薪八萬元的工作，是不是電影當中那個讓很多人去了就不想再回來的『二〇四六』？再來決定是否要改變目前安穩的現狀，投入一個未知卻有無限可能的未來。」

改變，不一定會讓你過得更好，卻不會讓你過得更壞

一個人如果想改變，必須先捫心自問，是否有勇氣選擇離開目前這個熟悉安全、生活無虞，永遠不會改變的「舒服區」。也許我們待在目前這個熟悉的環境，比較得心應手，比較有安全感，但是，這樣的環境，卻會讓我們變成一隻在溫水中漸漸被煮熟的青蛙一樣，在無形之中，一點一滴麻痺了我們想要求新求變的心靈和意志。或許，你會這樣問，「改變現狀」真的會比「保持現狀」好嗎？在我們的生活週遭，不都可以經常聽到因為「改變」，而讓自己到最後一無所有的例子嗎？

關於這個問題，我只能這樣說：「改變，不一定會讓你過得更好，但只要朝正確的方向改變，卻不會讓你過得更壞，而且，只有改變，才能讓我們發現以前從來沒有發現的人生。」

被自己討厭的第47種勇氣：

寧願一無所有，也要改變

如果因為擔心改變目前的生活型態，會讓自己變得一無所有，那麼我們永遠就只能在原地踏步。

48、相同的語言，有不同的「料理」方法

當我們要回應別人的話之前，必須在自己腦海中，針對別人所丟出的話題，找出準備回應別人的材料，然後，將這些材料「料理」一番，再從自己的口中「端出來」。

有天下午跟太太到一家一百元快炒店，當我們向服務生點完菜的時候，突然看到廚房旁邊有一個長著有點像阿基師的老廚師，正在跟一些年輕的廚師做每天例行的精神講話。

只見這位老廚師向年輕廚師說：「其實，做料理就像說話一樣，當我們跟別人說話的時候，首先會依據別人所說出的『話題』，在腦海裏搜尋如何回應別人的『材料』，然後，迅速地在腦海中預演一遍之後，再將要回應別人的話，從自己的嘴巴中『端出來』；而我們做料理也是一樣，首先必須依照客人所點的『菜單』，

到冰箱將所需的各種『材料』和『調味料』，拿到調理台後，再將這道菜單要如何料理的方法，在腦海中迅速地彩排一次之後，再開始依照料理的步驟，將客人點的菜，炒好上桌。」

快炒店老廚師這席將「料理」和「說話」這兩個原本完全不相干的東西混搭的頗具智慧的話語，讓平常專門在自己的「心靈廚房」做「文字料理」的我，有點汗顏，想不到這個老廚師，簡單的幾句話，就能輕易地點出「說話」和「料理」的相同之處。

準備說出口的話，必須經過「料理」再脫口說出

當我們要回應別人的話之前，的確，必須在自己的腦海中，針對別人所丟出的話題，找出準備回應別人的材料，然後，將這些材料「料理」一番，再從自己的口中「端出來」，也就是說如果別人所說的話題是「紅燒」，那麼你千萬不能用「清燉」去回應，如果別人希望你回應他的話是「三分熟」，那麼你千萬不能用「七分熟」來回覆。

但是，如果你是在跟別人為了某件意見不同的事情處於爭執的狀態，那又另當

別論，也就是說為了不要跟別人因為爭執而撕破臉，那麼我們從自己「心靈廚房」所端出的每一道「料理」可就必須特別留意和小心。

也就是如果別人從「心靈廚房」端出來的是「麻辣火鍋」，我們就必須從自己的「心靈廚房」端出「清粥小菜」來應對，如果別人從「心靈廚房」端出來的是「麻婆豆腐」，我們則必須從自己的「心靈廚房」端出具有退火效果的「苦瓜豆腐湯」來回應。

換句話說，相同的話必須依照別人丟出的話題，用不同的方式「料理」過後，才能脫口說出。

被自己討厭的第48種勇氣：

不要說自認為「沒有錯」的話

準備說的話，脫口說出之前，必須在自己的「心靈廚房」經過「料理」之後，再「端上桌」，可別因為端出一句不應該端出來的話，讓自己的人生，從原本的天堂跌進地獄。

49、把塞車時間當成多出來的意外時間

遇到「塞車」塞到動彈不得的我們，與其坐在車中苦苦等待，或是坐在車上怨東怨西，還不如好好地利用老天爺送我們這段意外多出來的「充電時間」。

前幾年，跟老婆到電影院看完《鋼鐵人3》的電影後，便開車到美式大賣場，準備購買一些日常用品，但當我們推著購物推車進入賣場的時候，就看到有一個展示櫃前面，圍了一堆對著展示櫃裏面所展示的商品，品頭論足的客人。

禁不起好奇心驅使的我們，就走進圍觀的人群當中，這才得知原來展示櫃中展示了一尊1比1尺寸，要價台幣十七萬九千九百九十九元的鋼鐵人公仔。

於是，老婆就跟我說：「這尊訂價將近十八萬元的鋼鐵人公仔，大概只有開公司的大老闆，才可能買回去當做公司門面的裝飾擺設吧！」

我回說：「這可不一定，前幾天我看新聞報導說，台灣有些專門在投資鋼鐵人公仔的人，他們通常會在過一段時間後，將之前購買的鋼鐵人公仔，擺在網路上，然後，以原價的兩倍價錢，賣給喜歡收藏鋼鐵人公仔的網友，而且，聽說下單購買的人，不乏一些甫出來創業開公司的七年級生小老闆。」

「喔！」老婆說：「現在的七、八年級生，好想還蠻喜歡『鋼鐵人』，不像我們五、六年級生喜歡『無敵鐵金剛』。」

「講到『無敵鐵金剛』……」我向老婆問說：「對了，妳知道『無敵鐵金剛』是在塞車時出生的嗎？」

「不知道耶！」老婆問說：「『無敵鐵金剛』為何是在塞車時出生？」

「因為，一手創作『無敵鐵金剛』的日本漫畫家永井豪，有次接受記者訪問時表示，在若干年前的某一天，他開車塞在路上時，就在心中想著：如果這個時候，自己能夠坐在機器人的頭上，直接駕駛著機器人踩過車陣，就可以不用再讓自己塞在車陣當中了。」我回說：「當這個念頭閃過永井豪的腦海時，全世界第一個有駕駛員駕駛的機器人—無敵鐵金剛，就這樣誕生在他的腦袋中。」

遇到「塞車」時，不要只會怨東怨西

只要是開車的人，絕對都遇過被塞在車陣中，進退不得的慘痛經驗，然而，當我們開車遇到大塞車，通常都會有什麼反應？

修養好一點的人，可能會耐心地在車上聽廣播或音樂，等候車潮散去，修養稍微差一點的人，則會開始怨東怨西，等到不耐煩時，甚至還會狂按喇叭，宣洩自己不滿的情緒。

其實，在邁向人生的成功大道中，或多或少也都會遇上「大塞車」的狀況，然而，遇到「塞車」塞在「車陣」中動彈不得的我們，與其坐在車中苦苦等待，或是坐在車上怨東怨西，還不如像日本漫畫家永井豪一樣，利用這段意外多出來的「塞車時間」創作出一個可以載著自己脫離「塞車車陣」的「無敵鐵金剛」。

被自己討厭的第49種勇氣：

別讓「腦子」也跟「車子」一樣塞在路上

當你遇到塞車的時候，不要只會坐在車子裏面發呆，不妨利用這段因為塞車多出來的意外時間，去思考一些平常沒有時間思考，或是一直想不透的問題。

50、「活人」與「死人」的差別並不是「呼吸」

只要走到人生某個階段，多少都會有一種所認識或所遇到的「死人」比活人還要多的感嘆，而且，通常走到這個階段的你我，在不久將來，可能也即將成為別人所認識的「死人」。

在某個週末午後，我到咖啡店參加「小說寫作班」每月一次的讀書會。在這次讀書會指定導讀書籍，是我所選的義大利作家卡爾維諾的《看不見的城市》，我在讀書會剛開始的開場白，就向所有同學說：「卡爾維諾在七〇年代有三部小說，承接他在六〇年代宇宙幻想小說思緒，而《看不見的城市》就是其中一部……」

這時，有位同學問我說：「為什麼要選擇卡爾維諾的《看不見的城市》來做為導讀的書籍？這本小說到底有什麼可讀之處呢？」

我回說：「當初會選擇導讀《看不見的城市》這本小說，主要是有次在網路上看到作家南方朔在某篇書評當中感嘆說：《看不見的城市》是卡爾維諾所著小說中最讓人喜愛，且充滿語意符號學奧義想像的作品，在這本小說裏，想像和智慧凝結成深刻的歷史洞識，他不曾讀過那麼耐咀嚼的文學作品……」

語畢，我接著又說，另外一個原因，就是《看不見的城市》書中有一段令人印象深刻的雋語，這段雋語的大意是說：「每個人只要到達生命中的某個階段，在自己所認識的人當中，死人就會比活人還要多，因此，在心靈深處就會逐漸地去拒絕接受每張自己所遇到的新臉孔，尤其是那種配上面具的新臉孔。」

大多數人為了活下去，每天汲汲營營追逐名利

不記得是梭羅或是那一個哲學家曾經寫道：「我走在紐約的街上，遇到的死人比活人多……」其實，每個人只要走到人生的某個階段，或多或少都會有一種自己所認識或所遇到的「死人」比活人還要多的感嘆，而且，令人諷刺的是通常走到這個階段的你我，在不久的將來，可能也即將成為別人所認識的「死人」。

其實，我們之所以會心生「自己所認識的死人比活人多」的感嘆，並非完全是

所認識的活人真的比死人少，而是，歷經滄桑，看破塵世的我們清楚地知道，大多數人為了生活、為了活下去，每天像行屍走肉般地汲汲營營追逐名利，導致即便還有一口證明自己是活人的「呼吸」，但充其量也只能稱做「活死人」。

因此，在我們一生當中，陸續所認識的每張新臉孔上面，才都會依照自己想生存下去的需求，分別戴上最適合自己的「活死人」面具，而且，這些「面具」種類，通常區分成兩種，一種叫做「名」的面具，另外一種則是叫做「利」的面具。

換句話說，即使我們現在參加一場交友聯誼活動，認識了一群新朋友，但嚴格講起來，卻只有認識了「兩個人」，而且，這「兩個人」還是你我早已經認識的戴著「名」的面具和戴著「利」的面具的「活死人」。

這或許就是卡爾維諾為何會在《看不見的城市》書中感嘆地寫道：「我們認識的人當中，『死人』比『活人』還要多……」的原因之一吧！

被自己討厭的第50種勇氣：

不做只會呼吸的「活死人」

如果我們每天只會汲汲營營追逐名利，即便我們還有一口證明自己是活人的「呼吸」，充其量也只能稱做「活死人」。

51、「天堂」和「地獄」只差一秒鐘

我們的「念頭」，其實，是打造內心「天堂」或「地獄」的「磚頭」，換句話說，我們要將內心打造成「天堂」或「地獄」，完全在於一念之間所產生的念頭。

以前在網路上，看到網友說，如果你在三十五歲之前，參加同學會，同學見面的的第一句寒喧的話，大多是會問對方「你結婚了沒？」但如果你在三十五歲之後，參加同學會，見面的第一句寒喧的話，則是會變成「你離婚了沒？」

之前一直以為「你離婚了沒？」這句同學會同學之間的「寒喧話」，應該不太可能會發生在現實生活中。

但是，三年前，參加已經十年沒參加的大學同學會，聽到同學相互詢問對方目前的婚姻狀況，這才讓我赫然發現原來三十五歲之後的同學會，「你離婚了沒？」

這句話會成為同學之間的「問候語」，並非空穴來風。

因為，在同學會進行到一半的時候，我們班上當年的班花美馨就開始在幾個比較要好的女同學面前訴說著：「她最近這幾年，快被自己當法官的老公搞瘋了，因為，她老公老總是會懷疑東懷疑西，每次只要她跟朋友出去，晚一點回家，她老公就開始拿出法官審問犯人的那套，一直逼問她到底跟誰出去？去了哪裏？有誰可以證明？為何會那麼晚回家？」

美馨語畢，拿起桌上的咖啡喝了一口，又繼續接著上面的話題說道：「你們知道嗎，我老公竟然有次還趁著我進浴室洗澡的時候，偷偷地檢查我的手機通訊紀錄……」

幾位同學聽到這裏，紛紛打抱不平地說道：「太過分了！妳的老公簡直是個『老婆控』嘛！」

美馨聽到幾個要好的同學為她打抱不平，於是，就接著說道：「就是說嘛！我現在每天只要一回到家，就活在我那個法官老公的監視下，那種感覺簡直比坐牢還要痛苦，我曾經有幾度甚至動了想跟我老公離婚的念頭。」

你的念頭會決定自己住在「地獄」或「天堂」

其實，我們只要生活一過的不如己意，就會像我那個大學同學美馨，以為自己的生活好像在「坐牢」一樣，但我們卻不知道自己會有「坐牢」的感覺，完全是因為內心的「念頭」所造成的。

因為，我們的「念頭」，其實是打造內心「天堂」或「地獄」的「磚頭」，換句話說，我們要將內心打造成「天堂」或「地獄」？完全在於一念之間所產生的念頭。因此，一旦「起心動念」，就必須特別小心注意自己的「念頭」，可別讓不該起的念頭，讓原本住在「天堂」的我們，在一念之間，住進自己一手打造的跟「地獄」一樣的「心牢」。

被自己討厭的第51種勇氣：

用「地獄」的鑰匙去打開「天堂」的大門

我們的「念頭」是打開「天堂」或「地獄」的鑰匙，譬如當我們走在沙漠裏，在路上撿到半瓶水，起了樂觀念頭的我們會對自己說：「真幸運，撿到半瓶水」，動了悲觀念頭的我們則是會對自己說：「真糟糕，怎麼只撿到半瓶水」……

52、你懷疑的人都是曾經信任過的人

如果對方做了一些「瓜田李下」的事，你就開始疑神疑鬼，那麼這種沒有「信任」基礎的感情，還是提早結束比較好。

某個編劇班同學，有次跟我說，她的大學同學最近在跟男朋友鬧分手，於是，我就問她：「妳的大學同學，到底是為了什麼事，跟男朋友鬧分手呢？」

編劇班同學回我說，她大學同學的男友在最近兩個月，經常會在向她「報備」的情況下，跟兩個剛認識不久的女性朋友一起出去「約會」。

我聽了之後，就對編劇班同學回說：「既然已經有事先報備，應該沒什麼問題，妳的大學同學何必為了這種事，跟她男友鬧分手呢？」

編劇班同學隨即說道：「可是我的同學說，她男友在這兩個月，已經跟她報備了好幾次，跟那兩個女性朋友，出去吃飯唱歌了。」「喔！如果她的男友跟那兩個女性朋友，沒有工作業務關係，的確有點不尋常。」我說：「不過如果她懷疑男友跟這兩位女性朋友的其中一位有曖昧關係，可以提出跟男友一起去赴約的要求，順便在那兩個女孩子的面前『宣示主權』，如果她的男友跟那兩個女性朋友沒有什麼曖昧情愫，就會讓她跟著他一起去赴約。」

編劇班同學回說：「有啊！我同學有次在忍不住的情況下，有跟她的男友提出要跟他一起去赴約，而且，她的男友也二話不說，就答應帶她一起去，但結果是不去還比較好。」

「為什麼不去還比較好呢？」我問。

「因為，我同學說，她去了之後，發現那兩個女孩子，無論是身材容貌，甚至是談吐，都在她之上……因此，她強烈合理懷疑她的男友，之所以會經常跟這兩個女孩出去，一定有跟其中一位搞曖昧。」編劇班同學回說。

我說：「這個合理懷疑，原則上可以成立，不過或許實際的狀況，並不像妳的同學所想的那樣。」

「話是這樣說沒錯，但問題是我同學說上個禮拜，她的男友竟然在她要去朋友婚禮做伴娘的情況下，不顧她的感受，選擇自己開著車，載那兩位女性朋友去暢遊北海岸。」編劇班同學說。

「信任」是男女交往最基本的基礎

有句話說：「我們懷疑的人都是曾經信任過的人。」其實，一旦決定要在一起的男女，都一定曾經彼此信任過，因此，如果只是因為對方做了一些讓自己會產生「合理懷疑」或是「瓜田李下」的事，就開始疑神疑鬼，甚至把對方當成「敵人」來監視，就代表彼此的「信任感」已經消失，所以，還是提早結束比較好，以免浪費彼此找到真正適合自己的人的時間。

被自己討厭的第52種勇氣：

不讓「在乎」成為懷疑的「燃料」

有些人或許會說就是因為自己太在乎對方，因此，才會對對方做了一些可能「背叛」自己的事情產生懷疑，問題是如果彼此連最基本的信任都沒有的話，那又何必勉強自己跟對方在一起呢？

53、再爛的「蘋果」，也有可以吃的地方

只要我們肯先放下對「爛蘋果」的我執和成見，再如何爛的「蘋果」，也可以找到可以吃的地方。

幾年前，我接受電台訪問，當時電台的主持人向我問道：「這些年我寫的那些人性厚黑書籍當中提到的：說一套，做一套的人，要用什麼方法對付？」

我記得當時我回答：「在我們生活週遭，的確存在著很多人在表面上跟你說一定會傾盡全力完成你請託他的事情，但在暗地裏所做的每個動作，卻都是跟你請託他的事情背道而馳，不過，我認為表面『說一套』，實際上『做一套』的這種小人雖然可惡，但是，只要你吃過他一次虧，認清他真正的嘴臉之後，你就會對這種小人『免疫』，以後應該就不會再找這種人合作任何事情，然而，在我們的生活週遭

卻存在著一種比『說一套，做一套』還要可怕的『小人』，這種『小人』就是那種『說的到，也做的到』，但卻是所有的事情，都是『說一套，做半套』……」

「『說一套，做半套』的這種小人為什麼可怕？」主持人問道。

「因為，這種『說一套，做半套』的人，他實際上雖會做到他在口頭上，答應你的每一件事，但是，他為了阻礙你的工作進度，卻都是將每一件你請託他做的事，都給你做『半套』，讓你拿他莫可奈何。」我說：「如果你問他為何只做『半套』，他則會理直氣壯地回答你，他不認為他目前做的只是『半套』，而你會認為他只做『半套』，可能是每個人對處理事情的方法與認知不同。」

「說一套，做半套」的人，往往會讓我們防不勝防

所以，在日常生活中，如果不得不從「說一套，做一套」與「說一套，做半套」這兩種人，選擇一種人來幫自己做事，我會選擇「說一套，做一套」的人。

因為，在某種角度來看，「說一套，做一套」的人，雖然會在暗地扯你後腿，但至少他就是擺明要在暗地扯你後腿，不像那種「說一套，做半套」的人，先在表面上表現出一副他會「全力以赴」做好你請託他的事情，但在最後，卻將你請託他

的事情，只做了「半套」，就來向你交差了事，根本讓你「防不勝防」。其實，在現實生活中，我們經常會遇到不得不從「說一套，做一套」與「說一套，做半套」這兩種「爛蘋果」當中，去選出一個比較不爛的情形，然而，當我們遇到上述的這種必須做不得不做的「選擇」時，唯一能做的就是先放下自己對這兩個「爛蘋果」的成見，也就是先不要去看他們不好的、爛的部分，而是，冷靜仔細地觀察分析這兩個「爛蘋果」，到底那一個不爛的部分比較少，再去做出自己最後的選擇。

被自己討厭的第53種勇氣：

不去排斥「說話不算話」的人

當我們面對「說一套，做一套」與「說一套，做半套」的人，或許，可以先放下對這兩種人的成見，然後，再去找到他們可以用的「優點」。

54、你不可能跟「同一個人」吵兩次架

雙方一旦發生爭吵，往往都會選擇「退一步」或「容忍」的方式，來平息雙方的爭議，但這終究不是最好的方法，因為，每個人的「容忍度」畢竟還是有極限的。

前陣子去　加了朋友智皓和他老婆的第三次婚禮，或許，很多人看到「第三次婚禮」，都會以為我朋友智皓跟他老婆是不是已經離婚兩次，現在又第三次復合，所以才會結第三次婚。其實，事實剛好相反，因為，朋友智皓非但沒有跟他的老婆離過婚，而且，夫妻倆的感情還好的不得了。

有些人或許會接著問，既然智皓他們夫妻倆的感情好的不得了，為何會結第三次婚？其實，原因就是已經結婚十四年的智皓跟他老婆，在十四年前的結婚前夕，達成一個「協議」，這個協議主要的內容是說，一般夫妻結婚，都有所謂的「七年

之癢」，也就是婚姻過了七年，對彼此都已經沒有什麼「新鮮感」了，只要這時候，稍微出現一些外在的新鮮誘惑，往往就很容易發生外遇和出軌的現象。

因此，智皓在當時才會跟他老婆達成協議，在婚後的每一個「七年」，如果他們的婚姻還「健在」的話，就在結婚週年的當天，重新再結一次婚，再重新當一次「新郎」和「新娘」，讓雙方的婚姻再度重新回到「新婚」的狀態，而他們目前已經結婚十四年，所以才會在結婚十四週年的當天，雙方結第三次婚。

在參加智浩的婚宴過程中，我找了一個空檔向智皓問說：「你跟你的老婆結婚十四年，為什麼夫妻兩人的感情，可以一直維持著像『新婚』狀態？難道在這十四年當中，你們從來都沒有吵過架嗎？」

「我跟我的老婆當然吵過架，只不過我們每次一吵完架的第二個小時，就馬上和好如初，甚至忘記雙方曾經吵過架……」智皓答說。

我聽完智皓的回答後，就好奇地問他：「你們是怎麼辦到的？怎麼可以在雙方吵完架的第二個小時，就馬上和好如初呢？」

智皓用帶點哲學味道的語氣答說：「因為，我們人體每天有成千上萬的細胞死亡，又有不可計數的細胞新生，如果以細胞生滅如此快速來論，前一個小時跟我吵架的老婆跟後一個小時出現在我面前的老婆，已經不是同一個人了，因此，我幹嘛要在後一個小時，還要繼續跟已經是『全新』的老婆吵架呢？」

「容忍」不是解決雙方爭執的最好方法

一般夫妻或朋友之間相處，因為意見不和，有所爭執在所難免，然而，雙方一旦發生爭吵，往往都會選擇「退一步」或「容忍」的方式，來平息雙方的爭議，但這終究不是最好的方法。因為，每個人的「容忍度」畢竟還是有極限的，如果容忍到極點，因而爆發，其後果反而更不堪設想。但是，如果我們都能擁有像上述智皓的那種不跟因為細胞更新，已經變成「全新的人」繼續吵架的智慧，那麼我們就再也找不到「同一個人」可以跟自己吵兩次架了。

被自己討厭的第54種勇氣：

不要跟「全新」的對方吵第二次架

如果前一個小時跟你吵架的人，因為細胞生滅的關係，在後一個小時已經變成完全不同的人，那麼你幹嘛還要在後一個小時，繼續跟已經是「全新」的他吵架呢？

第七章

夢想本來就不容易實現

夢想必須分階段來實現，
因為，如果人生的夢想一次全部就到手，
就沒有讓自己繼續努力打拚的目標。

55、如果你的人生可以遙控

如果你擁有一支可以遙控自己命運的遙控器，哪一段人生是你最想按「倒轉鍵」倒轉回去重新過一次？那一段人生又是你最想按「快轉鍵」快轉跳過的呢？

我有個朋友是高中老師，有次他請我用「勵志暢銷書作家」的身份，到他當導師的應屆畢業班級，去跟他班上的同學，談談未來的人生規畫問題。

當我朋友跟他的班上同學介紹完我過去十幾年，在心靈勵志書領域的「耀眼成績」後，就將麥克風交給我，請我開始跟他班上同學上課，而我一接過麥克風，便跟台下同學說：「剛剛你們老師介紹的那些關於我過去的『豐功偉業』都是『昨天的全壘打』，而『昨天的全壘打』是無法幫『今天的比賽』得分，所以你們聽聽就好……」語畢，我接著向台下的同學說：「我們現在就開始進入正題，首先我想問各位同學的是，如果人生可以重來一次，你們會希望從那個階段，做為人生重新開始的起點？」

第一位同學說：「如果人生可以重來，他希望從他女朋友跟他分手的前三天做為重新開始的起點，因為，這樣一來，他就可以避開他女友跟他分手的問題，他的女友也就不會跟他分手了。」

第二位同學舉手說：「如果人生可以重來，他希望可以從學測的前三個禮拜做為重新開始的起點，這樣一來，他就可以在知道學測考些什麼的情況下，考出可以申請到國立大學的分數。」

第三位同學則是說：「如果人生可以重來，他希望可以從小學畢業前三個月做為重新開始的起點，因為，當年他在小學畢業那年，原本有機會出國去當小留學生的。」

當台下同學紛紛說完「希望將哪個階段做為人生重新開始的起點」後，就有一個同學問我說：「請問老師，如果人生可以重來，你會希望從那個階段做為重新開始的起點呢？」

我不假思索地回說：「我會希望從我現在回答完你這個問題之後的這個當下，

當成我的人生重新開始的起點。」

跳過不想過的人生階段，真的就會從此變得更美好嗎？

《命運好好玩》電影的編劇兼製片史蒂芬．柯倫，有次接受記者訪問時說道：「自己會想到用一支遙控器來遙控人生的點子，主要是來自於有次跟女友吵架時，突然拿起電視遙控器對著女友按下靜音鍵，因而，靈機一動，發想出如果我們擁有一支可遙控自己命運的遙控器，那麼不就可以將自己不想面對的現實，按『快轉鍵』快速跳過，以及讓想要再過一次的美好過去，按『倒轉鍵』重來……」

如果你真的擁有一支可以遙控自己命運的遙控器，那麼哪一段人生是你最想按「倒轉鍵」倒轉回去重過一次？哪一段人生又是你最想按「快轉鍵」快轉跳過的呢？

不容否認的，當我們面對以上這兩個問題，極有可能會一時半刻無法回答得出來，因為，有時候我們甚至不知道用「倒轉鍵」讓自己的人生重新再來一次，以及用「快轉鍵」快轉跳過不想看到的人生，自己的人生會不會因此變得更美好。

被自己討厭的第55種勇氣：

跳過自己最不想跳過的那段人生

如果人生可以重來一次，你會希望從哪個階段，做為人生重新開始的起點？如果人生可以快轉跳過，那麼你最想跳過哪一段人生呢？

56、夢想沒有大小的問題

夢想沒有大小的問題，只有做不做的問題，只要是我們認為對的夢想，而且，按部就班逐步地去實現，就是屬於自己的「偉大夢想」。

前年的春節前大掃除，我在整理家中儲藏室的過程中，無意間翻出了自己在三十幾年前讀小學三年級時，所寫的作文簿，而當我打開這本沾滿塵埃已經泛黃不堪的作文簿時，看到當年小學國語老師叫我們寫的「我的志願」，著實讓我小小地錯愕了一會。

因為，我當時在「我的志願」這篇作文當中，並不是寫著將來長大後要立志當「蔣總統」或是科學家、太空人之類的偉大志願，而是寫著將來長大後，要立志當一位電影院外面的收票人員。

我依稀記得小時候，每次跟著家人去住家附近電影院看電影時，都好羨慕電影院外面的收票人員在收完票，可以進入電影院看免費電影。

因此，當時我才會在「我的志願」作文當中，寫著將來長大後，要立志做一位電影收票人員，這樣就可以每天有免費電影可以看。

但是，當時我們國語老師竟然給我這篇「我的志願」，打了一個大「丙」，而且，還用紅筆批註了「志願小了一點」的評語。

在三十年後，當我再度看到小學老師用紅筆批註了「志願小了一點」這幾個字的評語時，讓我回想起當年還是小學三年級的我，看到老師所批註的評語時，心中有一些些失落，但在這個失落之後，隨之而來的就是開始產生一些困惑，因為，當時的我實在是不知道老師為何會認為長大後要做一位「電影院收票人員」的志願「小了一點」，如果說這樣的「志願」不夠大，那麼到底要立下什麼「志願」才不會算太小呢？

另外，在過去二、三十年來，學校老師一直灌輸著我們立志就必須「立大志」，一直引導我們在寫「我的志願」的作文時，必須寫一些「將來長大，要立志做諸如科學家、音樂家、企業家、銀行家……」之類跟我們平常人距離很遙遠的偉大志願，會不會就是造成我們現在經常在感慨「年紀越來越大，夢想卻越來越小」的始作俑者呢？

越「偉大」的夢想，越不切實際

有人說：「人生因為夢想而偉大！」但是夢想並不能一蹴可及的，而是必須按部就班地一步一步去實現，而且，我們也不能在「夢想」開始萌芽的階段，就去區分什麼是「大夢想」？什麼是「小夢想」？

因為，我認為夢想沒有大小的問題，只有「要做」與「不做」的問題，只要是我們認為是對的夢想，而且逐步去實現，就是屬於自己的「偉大夢想」。

換句話說，即便像我在小學的「我的志願」作文裏面，立志要做一個「電影院收票人員」，又何嘗不能算是一個偉大的夢想呢？

也就是只要我肯努力去做，誰敢保證我不會像一些從基層開始做起的企業大老闆一樣，可以從一個基層的電影院票收票人員，變成一家連鎖影城的老闆呢？

被自己討厭的第56種勇氣：

開一張「0元」的「夢想支票」

每個人從小都開過將來長大之後想要做什麼的「夢想支票」，但是往往「夢想支票」上面的「金額」越大，未來如期兌現的機會就越小。

57、任何夢想都是走在鋼索上實現

無論實現任何夢想或做任何選擇，都像是走在高空的鋼索上面一樣，必須適時地修正和改變自己的方向。

某個週末，我跟我的太太在家中客廳看電視的歌唱選秀節目，節目中的參賽選手正在唱著李泉主唱的《走鋼索的人》這首歌曲。

由於，這首《走鋼索的人》是幾年前《超級星光大道》第一屆的冠軍林宥嘉，在比賽過程中，奠定他日後「星光一哥」位子的參賽歌曲，因而，讓很多人都誤以為這首歌的原唱人就是林宥嘉。因此，我的太太一聽到選秀選手唱這首歌的時候，就問我說：「這首歌是林宥嘉的歌嗎？」

我回說：「不是，原唱人是中國大陸的創作型歌手李泉。」

「喔！」太太接著問我說：「對了，前陣子，我在新聞看到有一個外國人在山谷間，徒手走鋼索來挑戰世界紀錄……」

「嗯！這個新聞我也有看到。」我說：「這個不用平衡桿或其他輔具，在德國最高峰楚格峰，徒步走完總長九百九十五公尺的高空纜車纜繩，是一個名字叫做諾克的瑞士特技專家，而他花了九十分鐘完成徒步走完的這段路線，從山腰到達海拔兩千九百六十二公尺的楚格峰山頂，約攀升三百四十八公尺高度……妳知道他是如何完成這項徒步在山谷間走鋼索的挑戰嗎？」

太太回說：「當然是靠著比平常人還要好的平衡感和異於常人的膽識，以及抱著『必死』的決心，才能夠不顧一切勇往直前完成挑戰！」

「只答對一半！」我回說：「他是抱著『必活』的決心，而且，知道哪時候該往左或往右修正自己的方向，以及擁有一顆異於常人的心臟，才能說服自己一定可以完成這個不可能的挑戰！」

別為了自認為是對的執著，不肯去修正自己的方向

奧修曾經說過：「其實，人生無論在任何時候，都好像在兩棟高樓之間走鋼

索，所以為了保持平衡，當你發現自己偏向左邊，就必須馬上向右靠，當你感覺自己偏向右邊，就必須立刻向左靠。」的確，在人生過程當中，無論實現任何夢想或做任何選擇，都像是走在高空的鋼索上面一樣，必須適時地修正和改變自己的方向，也就是說當你發現自己偏向哪一邊的時候，就必須立刻移到相反的另一邊來取得平衡，否則，你就會掉下鋼索，讓自己摔得粉身碎骨。

這就像每天吃大魚大肉的人，必須適時地吃一些蔬菜和水果來中和一下，否則，很容易就會讓自己的膽固醇往上飆到破表，危及到自己的身體健康。

其實，上述這些道理，每個人都懂，但是，有時候，我們卻經常會為了某些不該執著的執著，為了某些自認為是對的執著，硬是不肯去修正自己的方向，因而，才會經常讓自己從「夢想的鋼索」上面掉了下來。

被自己討厭的第57種勇氣：

越「執著」的事情，越要修正方向

如果不想讓自己從「夢想的鋼索」上面掉下來，那麼當發現自己偏向哪一邊時，就必須立刻移到相反的另一邊來取得平衡，千萬不要執著於任何一邊。

58、你的夢想，會隨著年紀增加而打折

「夢想」並不能只是停留在只有「想法」的階段，而是必須有計畫地去逐一實現，因為，沒有行動的夢想，充其量就只不過是一種「妄想」而已。

前幾年回南部去　加已經有十五年沒有辦的高中同學會，而這場同學會聚會的地方是選在以前就讀高中附近的西餐廳，因為，在二十幾年前，高中畢業典禮的當天，我們班上的班長發起了一個「夢想瓶中信」的活動，也就是他請所有同學把未來二十年想要完成什麼夢想寫在紙上，然後，摺起來裝進一個防潮的牛皮紙袋，他再將這個牛皮紙袋塞入一個玻璃罐中，之後再將玻璃罐密封，埋到就讀高中操場後面的大樹下。

然後，他跟所有同學相約在民國一百年，也就在四年前的同學會，一起回到就

讀的高中，將當年擺著大家「夢想紙條」的玻璃罐挖出來，而這也就是已經有十五年沒開的高中同學會，為何會在四年前召開的原因。

當大家在西餐廳開完同學會，一起回到高中母校的操場後面，去挖那個當年埋下的「夢想瓶中信」時，內心其實是忐忑不安的，因為，已經事隔了二十幾年，誰也不敢保證當年埋下去的那個玻璃罐還存在，但就在大家輪流換手，挖了將近半個小時，終於將這個擺著「夢想瓶中信」的玻璃罐挖了出來。

「夢想瓶中信」的玻璃罐終於「出土」後，真正的重頭戲正式登場，因為，緊接著就是要打開玻璃罐，拿出大家當年所寫的「夢想紙條」，準備來逐一印證一下，到底有哪些同學完成當年寫在紙條上的夢想？

當我們高中班長，打開玻璃罐拿出牛皮紙袋，取出同學們當年所寫的「夢想紙條」，然後，一張一張地念出來時，卻發現沒有一個同學現在所從事的行業跟當年在「夢想紙條」所寫的「夢想」符合，甚至沒有一個同學現在所從事的行業，會「大於」當年寫在夢想紙條上面的夢想……

年紀越來越大，為何夢想卻反而變得越來越小

這個讓在場所有同學感慨萬千的「結果」，讓我想起前幾年有一則電視ＣＦ廣告，廣告中的男主角年輕的時候，在ＰＵＢ裏，意氣風發地舉起酒杯跟朋友乾杯說道：「將來退休後，我要在峇里島買一幢別墅，然後，每天沒事就到海邊曬曬太陽……」但是這個男主角，到中年的時候，卻在ＰＵＢ對同一個朋友乾杯說道：「希望將來退休之後，可以每年到峇里島旅遊一次，在海邊曬曬太陽……」

接著這個男主角來到即將退休的年紀，則在ＰＵＢ用認命的語氣，向同一個朋友說道：「希望在退休後，家裏能有個可以讓自己每天曬曬太陽的小陽台……」

廣告最後的ＯＳ旁白：「你的夢想，為何會隨著年紀增加而打折？」而這句廣告的ＯＳ旁白，大概是我跟那些高中同學挖出「夢想瓶中信」，看到當年所寫的「夢想紙條」之後，心中共同的心聲吧！

被自己討厭的第58種勇氣：

越是不屑的夢想，越是將它當成一回事

為何我們現在所從事的行業，通常都不是當年所許下的「夢想」，現在所從事的行業，往往都「小於」當年所許下的夢想，甚至是以前自己不屑的夢想。

59、方向不對，只會讓自己在原地「鬼打牆」

一件事情或一個動作只要肯重覆去多做幾次，那麼第一百次一定會比第一次進步嗎？其實不然，因為，如果你不先找到對的方法，即便你重覆一百次，一千次，也不見得會比第一次做得好。

有天，我跟某家公司的老闆老金約喝下午茶，老金跟我談到他辦公室有個員工，工作的認真程度，在所有員工當中，絕對可以排在第一，但是論起工作績效，卻是所有員工當中最糟糕的。

我聽了之後，就回說：「怎麼會這樣？難道這個員工，是屬於那種有幹勁沒有方法的那種。」

老金答說：「嚴格講起來，應該是屬於『勤能補拙』那種類型吧！也就是同一件工作，他會重覆做十次、做二十次，才會將所做的工作交給上司，因為，他始終認為同樣一件事情，做二十次一定會比只做一次要來得好。」

我有點不以為然地回說：「可是我卻不這樣認為……而且，如果我是你的話，大概老早就會勸這個員工，是不是要認真考慮轉行。」

老金問說：「為什麼？如果一個員工懂得『勤能補拙』又有什麼不好呢？」

我沒直接回答老金的問題，反而跟老金說，以《斷背山》一片成為有史以來，華人第一位獲得奧斯卡金像獎最佳導演殊榮的李安，有次接受媒體訪問時說道：「在拍片的過程中，一個又一個細節，我們必須先找到達成的正確方法，因為，演員們並不是機器，在同一個鏡頭重拍幾次之後，他們一定會疲倦，也就是說重覆NG重拍的結果，並不會更好，有時候甚至會更糟。」

老金聽了之後，回說：「你的意思是說如果沒有用對方法，同樣一件事情，即便重覆做一百次，也對做好這件事情，沒有一點幫助。」

「沒錯！」我說：「這就像如果你的那位員工目前人在台中，而你明明給他的目標，是到台北，但他卻騎著摩托車一路往高雄的方向騎去一樣，也就是說即便他日夜兼程，不眠不休地騎著摩托車趕路，也永遠到達不了台北。」

如果沒有找出做對事情的方法，只會一再地重覆之前所犯過的錯誤

通常，我們都會有一個盲點，總以為一件事情，一個動作只要肯重覆去多做幾次，那麼第一百次一定會比第一次進步。

其實，這個觀念，嚴格講起來，並不是絕對的正確，如果你不先找到做好這件事情或這個動作的正確方法，即便你重覆做一百次、一千次，也不見得會比第一次做得好。

換言之，如果沒有找出做對事情的方法，只會一再地重覆別人交待給你的事情，只不過是在重覆之前所犯的錯誤，如果每天只會一味地重覆做著別人交待給你的事情，卻從來不去思考自己做事的方法是否正確，那麼也只不過就像一隻不停踩著滾輪的白老鼠一樣，只會讓別人交待的事情，一直在原地「鬼打牆」而已。

被自己討厭的第59種勇氣：

不將「勤能補拙」跟「努力不懈」畫上等號

「勤能補拙」雖然沒有什麼不對，但前提是必須用對方法，如果用錯誤的方法，就算重覆做一百次、一千次，也絕對不可能因為「勤能補拙」就可以將事情做對。

60、「閉著眼睛」比「睜開眼睛」看得更清楚

睜開眼睛的我們，容易被所追求目標的週遭東西所迷惑住，只有在閉著眼睛的情況下，才能夠心無旁鶩地將所有心思，擺在自己想追求的目標上面。

前幾年，位於宜蘭火車站南側的鐵路局舊宿舍區，除了保留原有的歷史建築與老樹綠蔭，另外，將原本廢棄的空間，以「記憶片刻風景」為主題，規畫成全台第一座「幾米主題廣場」，也就是現場的裝置藝術，全取自知名繪本作家幾米的繪本作品。

例如：「向左走‧向右走」中的男、女主角，各自往自己方向走去的經典場景，更是在廣場上原貌重現，讓人有一種走入幾米繪本之中的奇妙感覺，因此，主題廣場才一開幕，現場就湧現大批「朝聖」的人潮。

在「幾米主題廣場」開幕的第一天，有個「搶頭香」前往宜蘭去朝聖的朋友回來跟我說：「你一定要找時間去看看，這個主題廣場的創意實在太棒了。」

「是嗎？」我問：「這個主題廣場的創意好在哪裏？」

朋友答說：「這個主題廣場讓重現在廣場的幾米繪本場景，每天因為有不同遊客走了進去，因而有不同的故事情節產生，換句話說，每個重現在廣場的幾米繪本場景，就宛如一個個縮小版的迷你人生。」

其實，這十年來，幾米的繪本作品之所以會受到兩岸三地的廣大讀者喜歡，除了他是第一個將原本只有小孩會看的繪本，繪成給大人看的心靈療癒系繪本，另外，幾米在繪本中透過故事的人物，傳達出我們在人生過程當中，都曾經遇過的困惑和難題，讓每個閱讀幾米繪本的讀者，都有一種不約而同的共識，亦就是幾米繪本裏面的故事，雖然是虛擬的，但卻都可能在自己每天生活週遭活生生地上演。

想追求的幸福，往往「遠」在自己的身邊

在幾米的繪本作品中，讓我印象最深刻的就是由幾米繪本《地下鐵》改編的電影《地下鐵》片中的人物乃強，在眼睛瞎了之前，經常以為自己什麼都看得很清

楚。但是，當他在眼睛瞎了之後，才恍然發現，原來以前費盡心思所追尋的東西，其實就在自己「看不見」的身邊。

的確，只要稍微有過人生歷練的人，都會有「睜開眼睛」不見得會比「閉著眼睛」看得更清楚的深刻體會。

因為，睜開眼睛的我們，容易被自己所追求目標的週遭東西所迷惑住，無法真正地去看清自己想要追求的東西。

只有在閉著眼睛的情況下，我們才能夠心無旁騖地將所有心思，擺在自己想要追求的目標，也才會發現自己想追求的東西，有時候可能就「遠」在自己身邊。

被自己討厭的第60種勇氣：

不一味地以為「幸福」一定要到遠方追求

我們都習慣將自己的眼光望向象徵無限可能的遠方，因此，才會忽視那些讓人生過著更幸福的東西，其實就「遠」在自己的身邊。

61、別讓自己的夢想「一次就到位」

「夢想」不僅是說服自己繼續活下去的理由，同時也是會讓我們失去鬥志的「東西」。因為，當我們一次就讓畢生想要完成的夢想全部到手，接下來就會在沒有夢想可以實現的情況下，讓自己從此過著渾渾噩噩的人生。

前年，我去參加編劇班同學小李的慶生會，當所有前來參加慶生會的同學為他唱完生日快樂歌，就一起催他趕快吹蠟燭和許願，但沒想到當小李吹完蠟燭，開始許願時，卻在許願的時候說：「我希望在四十歲之前，先得到金馬獎最佳編劇，六十歲之前，再得到奧斯卡金像獎的最佳編劇，來完成今生最大的夢想。」

所有與會同學，聽完小李許的這個「兩階段完成夢想」的願望時，便用不解的語氣向他問說：「為什麼不一次就讓自己畢生的夢想到位呢？幹嘛還要這麼矯情地許下在四十歲之前，先得到金馬獎最佳編劇，六十歲之前，再得到奧斯卡金像獎的最佳編劇呢？」因為，當初小李在編劇班開班第一堂課的自我介紹時，就充滿自信地當著老師和所有同學面前說，他今生最大的夢想，就是能夠得到奧斯卡金像獎的最佳編劇。

壽星小李聽完同學問他的問題後，隨即回說：「其實，我也不想那麼矯情啊！我在一開始，也很想許一個夢想一次到位的願望，但是後來我心想，如果我在四十歲之前，就如願得到奧斯卡金像獎最佳編劇，完成這輩子最大的夢想，那麼我怕我在四十歲以後，就沒有什麼可以讓我繼續努力打拚的目標了。」

「夢想」不要一次就全部到手

幾年前，導演李志薔所執導的國片《單車上路》，片中唯一的外國人Julia在劇中，說了一句讓我印象深刻的對白，這句對白的內容大概是說：「她想在二十五歲以前，環遊半個世界，另外半個世界，就等到五十歲的時候，再來環遊，因為，如果人生的夢想都實現了，那麼就沒有讓自己繼續活下去的目的。」

我們經常會聽到從鬼門關走回來的人說道：「當自己和死神搏鬥的時候，唯一支撐自己堅持到底的，就是閃過自己腦海中那些還來不及實現的夢想。」

的確，每當我們面臨絕望和困境的時候，唯一支持自己繼續活下去的理由，就是那些還沒有完成的夢想，不過，話又說回來，「夢想」不僅是一種說服自己繼續活下去的理由，同時也可能是一種讓我們失去鬥志的「東西」，也就是當我們一次就讓畢生想要完成的夢想全部到手，接下來就會在沒有夢想可以實現的情況下，讓自己從此過著渾渾噩噩的人生。所以，當我們有機會一次完成這輩子最想完成的夢想之前，必須先考慮清楚，如果現在實現這個今生最大的夢想後，自己是否還可以找到下一階段繼續努力的目標？

如果沒有的話，那麼最好不要讓自己的夢想「一次就到位」。

被自己討厭的第61種勇氣：

不讓「夢想」一次就全部到手

夢想必須分階段來實現，因為，如果人生的夢想一次全部就到手，就沒有讓自己繼續努力打拚的目標。

62、比別人還打拚，卻比別人還歹命

努力不一定會成功，付出也不一定會有收獲，付出和收獲往往會成反比，再如何努力，也無法保證一定可以成功。

前兩年應邀回母校跟藝術系應屆畢業的學弟學妹座談，當我一進入教室，系上老師介紹完我的學經歷之後，我便向在座的學弟學妹說道：「剛才老師已經向你們介紹過我了，我想應該不需要再跟各位介紹我是誰了，更何況，讓別人知道『你是誰』或是『誰是你』並不重要，重要的是你自己要知道你為何是誰。」

我用「我是誰」這個帶點哲學意味的方式做完「自我介紹」之後，發現這個介紹方式，並沒有引起什麼共鳴。於是，話鋒一轉就立刻進入今天座談的主題，首先我向台下一位學弟問道：「你認為付出一定會有收穫，努力就一定會成功嗎？」

學弟答道：「沒錯！不管做什麼事，只要努力付出就一定會看到成果。」

我聽了之後，隨即說道：「基本上，這個答案只答對了一半，因為，我今天要向各位講的就是當你們離開學校，踏入社會後，會慢慢發現：努力不一定會成功，付出也不一定會有收穫。」

當我講完「努力不一定會成功，付出也不一定會有收穫」這句話後，台下的學弟學妹一片嘩然，並紛紛竊竊私語地說道，「好酷的想法、好像是這樣沒錯……」

我看到台下的學弟學妹對我拋出的這個話題有所反應，便打鐵趁熱地說道：「我知道你們在學期間，學校老師一定經常苦口婆心地告訴你們：想要成功就一定要努力、要怎麼收穫，就要怎麼栽、付出跟收穫永遠成正比……」

這時，台下有位學妹舉手問說：「難道學校老師告訴我們的都是錯的嗎？」

「學校老師告訴你們的那些道理沒有錯！」我說：「但是我卻要很老實地告訴你們，在畢了業，到了社會後，學校老師那些沒有錯的『道理』，不一定適用於這個殘酷的現實社會。」

台下學弟問說：「為什麼不一定適用？」

我回說：「因為，在這個競爭激烈的社會，付出和收穫不一定會成正比，還往往會成反比，雖說，不努力一定會失敗，但是再如何努力，也不一定會成功。」

不要把努力用在錯的地方

其實，造成「努力不一定會成功，付出不一定有收獲」的原因有以下兩點：

一、為了收獲而付出：一般人都會認為「有付出就一定要有收獲」，因此，在付出前，就先設定自己要有哪些「收獲」？但往往越期待會有哪些收獲，就越會讓自己在付出之前「綁手綁腳」，到最後反而讓自己的付出無法跟收獲成正比。

二、努力的方向不對：「我比別人還認真，我比別人還打拚，為什麼，為什麼，比別人還歹命……」這首阿吉仔的《命運的吉他》歌詞，是每個自認為比別人努力，卻無法比別人還要成功的人的共同心聲，但是當我們哼著阿吉仔這首《命運的吉他》的同時，是否曾經想過，自己的問題其實就出在自己的努力方向不對，以及會不會是自己把努力用在錯的地方嗎？

被自己討厭的第62種勇氣：

認清「付出跟收獲往往成反比」的事實

想要成功就一定要努力、要怎麼收獲，就要怎麼栽、付出跟收獲永遠成正比……這些沒有錯的「道理」，真的適用於這個競爭激烈的現實社會嗎？

第八章

偶爾做一下自己討厭的樣子

每天偶爾變成自己「討厭」的樣子，
我們的人生或許就不會像現在那麼有壓力，
只要能夠和內心那個討厭的「自己」和平共處，
我們的人生就不會像現在過的那麼不快樂了。

63、不敢讓別人看到自己原來的樣子

每個人都怕被人看到自己「原來的樣子」，原因就出在我們害怕自己「原來的樣子」，會破壞自己在別人心中辛辛苦苦建立起來的形象。

前幾年的某天晚上，我在上床睡覺前，打開電視，看到有個綜藝節目，企劃了一個叫做「變臉」的卸妝單元，而節目遊戲規則，是前來參加的女素人，誰能讓卸妝後的素顏，跟在卸妝前的容顏，最能「判若兩人」，就能抱走當天的優勝獎金。

這個單元進行到最後，是由一個做外拍麻豆的十八歲女孩獲得第一名，因為，她在卸妝前的容顏和卸妝後的素顏，其相似度竟然不到百分之十，而當節目主持人問她，她在卸妝前後的容貌相差這麼多，在平時的生活中，有沒有碰到什麼困擾？

這個女孩不假思索地回說：「當然有啊！」

女孩說，有一次她在晚上回到家卸完妝後，突然想吃宵夜，因此，就素顏騎著機車準備到速食店去買炸雞，但是當她騎車一騎出巷口，就遇到警察在路邊執行臨檢任務，於是，她就從包包裏面拿出行照和駕照遞給執行臨檢的警察，豈知，這個警察接過她的行照和駕照後，隨即向她問說：「小姐，妳有沒有拿錯證件？」

她聽完警察的問話後，一頭霧水地回說：「我沒有拿錯證件，剛才交給你的行照和駕照都是我本人的。」

警察為了求慎重，又看了一眼駕照上面的照片後，對她說：「可是妳給我的駕照上面照片，為什麼不是妳本人呢？」

她隨即回說：「駕照上的照片，怎麼可能不是我本人？」

警察則向她說：「這個問題應該是問妳自己才對，妳現在跟我回派出所，再好好地跟我解釋這個問題。」一語畢，警察就用警車將她載回派出所，然而，一坐進警車後座的她，從前座駕駛座上面的後照鏡，看到自己沒有化妝的素顏，這才恍然大悟。

於是，她一到派出所後，就跟警察說，只要給她十分鐘，她就能證明駕照上面的照片是她本人。

警察聽了之後，便跟她說：「難不成妳是想打電話找親友來幫妳證明嗎？」

她向警察回說：「不是！」語畢，她立刻從包包裏面取出隨身攜帶的化妝包，然後，拿出化妝品，對著鏡子開始化起妝來。

十分鐘後，化好妝的她，果然證明駕照上的照片，確實是她本人，因為，她的駕照上面的照片是化過妝拍的，由於，她在卸妝後跟卸妝前，看起來就是完全不同的兩個人，因此，臨檢她的警察，才會認為一臉素顏的她，不是駕照上照片裏面那個有化過妝的她。

我們都對自己「原來的樣子」沒有信心

在我們的生活週遭，像前述故事中那個在卸妝前後，簡直「判若兩人」的女孩，還不在少數，如果你問這些女孩為何一定要花那麼多時間化妝？這些女孩可能會回答你：「因為，她們不敢被別人看到自己原來的樣子。」

其實，每個人都怕被別人看到自己「原來的樣子」，原因就出在我們對自己「原來的樣子」沒有信心，深怕自己「原來的樣子」，會破壞自己在別人心中所建立的形象。

被自己討厭的第63種勇氣：

用「原來的樣子」去面對別人

自己「原來的樣子」再如何不能見人，終究還是你自己，如果有一天，你敢用自己「原來的樣子」去面對別人，那麼你才能做真正的自己。

64、每天試著被自己「討厭」一下

每個人口口聲聲都會說要「做自己」，但是，在內心深處，最討厭的人，其實就是「自己」，而且，更矛盾的是自己還不得不跟這個自己討厭的「自己」朝夕相處。

有一次，我應邀到某大學的推廣教育部上課，一進入教室，我就從隨身的袋子，取出一個很像夜壺的水壺和一本便條紙、一支原子筆，然後，跟台下所有同學說這個水壺，就是傳說中可以讓願望成真的「阿拉丁神燈」，待會所有同學依序上台，摸一下這個「阿拉丁神燈」，接著再將自己想變成的人的名字，用講臺上的原子筆，寫在便條紙上，再將便條紙投入這個「阿拉丁神燈」裏面……這個「阿拉丁神燈」就會實現你們想變成心中想變成的人的願望。

當我將所有的流程解說完後，台下的同學依序上台，分別依照我剛才所講的流程，將自己想變成的人的名字，投入「阿拉丁神燈」，約莫過了十分鐘後，當所有同學都完成上述動作，我就請班代將這些投入「阿拉丁神燈」裏面的便條紙，一張一張取出來，大聲地念給所有的同學聽。

只見班代從「阿拉丁神燈」取出便條紙，一張一張地念著「鋼鐵人」、「蜘蛛人」、「蝙蝠俠」「金城武」、「桂綸鎂」、「陳偉殷」、「陳妍希」、「郭台銘」、「王雪紅」、「李安」、「小丸子」、「小叮噹」……甚至連《後宮甄嬛傳》的「甄嬛」、「華妃」以及《武媚娘傳奇》裏面的「武媚娘」、「李世民」都有同學寫。

我在聽完班代念完所有同學希望變成的人的名字後，隨即有感而發地說道：「為什麼在全班三十位同學當中，就沒有一位同學，最希望變成的人是自己呢？」

自己是自己最討厭的人

其實，從以上這些同學，沒有一個人寫下最希望變成的人是「自己」的這件事情上，可以得到一個很矛盾的答案，那就是每個人口口聲聲都會說要「做自己」，但是，在內心深處最討厭的人，其實就是「自己」，而且，更矛盾的是自己還不得不跟這個自己討厭的「自己」朝夕相處。我們是否曾經捫心自問過，會不會就是自己一天到晚，所做的每件事情，每一項努力，都是朝著想要變成自己想要變成的人的情況下，所以才會讓自己的人生過著這麼辛苦呢？

如果我們試著每天做一件為內心深處那個自己最討厭的「自己」的事情，也就是每天試著被自己「討厭」一下，那麼我們的人生，或許就不會像現在過得那麼不如意和不快樂了。

被自己討厭的第64種勇氣：

偶爾變成自己「討厭」的樣子

每天偶爾變成自己「討厭」的樣子，我們的人生或許就不會像現在那麼有壓力，只要能夠和內心那個討厭的「自己」和平共處，我們的人生就不會像現在過的那麼不快樂了。

65、用「三八」來做真正的自己

一般世俗所認為的「三八」女人，只是不想在別人面前，掩飾自己所謂的「三八」個性，以及不想硬是在別人面前「裝淑女」，她們只是想在別人面前，做最真實的自己。

有個出版社朋友跟我說，他做出版做了這麼多年，有一本書是這些年來，一直想要出版，卻一直找不到如何能讓它順利出版的題材和方式。

我好奇地問說：「到底是什麼書，讓你這麼有興趣出版？」

朋友回我說：「那是一本書名初步暫定為《每個人都要三八一下》的勵志書，而這本書的創意發想則是來自於自己小時候，長輩們經常跟我說，一個人的一生，有三個『八』的歲數關卡，必須爬過去，第一個『八』的歲數關卡是二十八歲，第二個『八』的歲數關卡是三十八歲，第三個『八』的歲數關卡，則是四十八歲……以上三個『八』關卡，如果其中有一個沒有爬（八）過去，這輩子就算玩完了。」

我在聽完朋友想要做的這本《每個人都要三八一下》背後的來龍去脈，覺得還蠻有意義的，心想如果可以找到適合的題材切入，應該會是一本可以讓人耳目一新的勵志書，不過當時我跟朋友建議，如果將這三個歲數關卡，改為十八歲、二十八歲和三十八歲，應該會更好一點，如此一來，該書的主題或許就可以設定為：「一個人十八歲之前要學會說話；二十八歲之前要學會做事；三十八歲之前要學會做人。」

為了確認讀者對《每個人都要三八一下》這個書名的看法，我隨即將這個書名po在臉書上面，詢問一下我的臉書好友們的意見，有個臉書好友就在線上回我說：「他是不知道《每個人都要三八一下》這個書名裏面的『三八』兩個字有什麼特別意義，不過不論我賦予『三八』這兩個字什麼意義，一般讀者在書名之中看到『三八』兩字，難免會跟世俗眼光所認定的『三八』畫上等號。」

我在臉書的線上對話框看完好友的回答後，就向他反問：「可以請你說說一般世俗對『三八』這兩個字的定義嗎？」

他回我說：「根據《維基百科》上面所載『三八』的定義為：對扭捏作態、過度做作且令人感到噁心的女子之貶稱。」

我聽完他用一般世俗對「三八」所下的定義後，便在臉書線上對話框回說：「我對『三八』這兩個字，卻有比較另類的解釋，因為，我覺得一般世俗所認為扭捏作態、過度做作的『三八』女人，只是不想掩飾自己的本性，只是想隨心所欲地『做自己』而已。」

做人何必做的那麼虛假

的確，這些所謂的「三八」女人，只是不想在別人面前，掩飾自己所謂的「三八」個性，不想硬是在別人面前「裝淑女」，她們只是想在別人面前，做最真實的自己。

其實，我們都曾為了讓自己在別人心中有一個完美的形象，因此，都曾經做過在別人面前，為了掩飾自己「三八」個性，硬是在別人面前「裝淑女」的「偽事」，但是，做人何必做的那麼虛假，我們為何就不能光明磊落地在別人面前，用

「三八」來做真正的自己呢？

被自己討厭的第65種勇氣：

不在別人面前「裝淑女」

不要為了掩飾自己的「三八」個性，因而每天強迫自己在別人面前「裝淑女」，以及每天戴著「完美面具」去面對別人。

66、從來沒有意識到自己正在呼吸

當我們意識到自己正在呼吸的時候，可能就是呼吸不順或鼻塞的時候，這就像當我們意識到自己正在睡覺的時候，可能就是躺在床上，重覆數著羊，輾轉難眠的時候。

或許，你我都有過這樣經驗，當我們經過劇烈運動，或者是感冒鼻塞的時候，才會去注意到自己的呼吸，因此，如果有人突然向你問起，你有多久沒有注意自己的「呼吸」？一定會感到莫名其妙，心想「呼吸」與生俱來，有什麼好注意的？

但是，只要我們開始懂得用心去注意「呼吸」的存在，就會恍然發現，「呼吸」雖然是與生俱來，但它卻絕對不會是「理所當然」。

前兩年，我的岳父因為急性腦中風，住進榮總的重症加護病房急救，當我陪著太太進入加護病房探視命在旦夕的岳父時，看到躺在加護病房每一床病床上的病人，都跟岳父一樣，臉上戴著幫助他們得以繼續呼吸的「氧氣罩」時，瞬間，內心突然升起「人生無常」的感慨，以及提醒自己要好好珍惜當下的念頭！

在加護病房的這些病人為何必須戴「氧氣罩」？答案當然是前面提過的他們已經沒辦法靠自己呼吸，才必須依靠「氧氣罩」來維持生命現象，我想這應該是每個人都知道的常識，但是，當長期戴著「氧氣罩」的病人一旦脫離險境，準備將「氧氣罩」取下之前，必須接受密集的「練習呼吸」課程，就不是每個人都會知道的事。

因為，當我的岳父在重症加護病房，經過兩個禮拜的積極搶救，終於脫離危險期，可以轉到一般病房之前，加護病房的護理師卻告訴我們，護理站從明天開始，幫我岳父安排了一連串「練習呼吸」的課程。

因此，護理站希望我們家屬能夠有人抽空到醫院來學習，如何幫我岳父「練習呼吸」，因為，並不是每個長期戴著「氧氣罩」的病人，都能通過「練習呼吸」的測驗，而順利地將「氧氣罩」摘掉。

當我們進一步問護理師，一般長期戴著「氧氣罩」的病人，「練習呼吸」要練習到什麼程度，才能順利通過將「氧氣罩」摘掉的測驗？

護理師卻回了：最好的狀況是練習到沒有意識到自己正在呼吸的程度，這句頗耐人尋味的答案。

練習忽略「呼吸」的存在

其實，一般正常人，在健康、正常的狀態下，往往不會去意識到自己正在呼吸，因為，當我們意識到自己正在呼吸的時候，可能就是呼吸不順或鼻塞的時候，這就像正在睡覺的我們，沒有意識到自己正在睡覺，一旦意識到自己正在睡覺的時候，可能就是躺在床上，重覆數著羊，輾轉難眠的時候。因此，有些時候，我們也必須試著去練習忽略「呼吸」的存在，否則，太過於去注意自己「一分鐘」到底呼吸幾次的情況下，反而無法讓「呼吸」自然而然地成為自己生活的一部分。

被自己討厭的第66種勇氣：

承認自己不懂得怎麼「呼吸」

「呼吸」雖然是與生俱來，但它絕對不會是「理所當然」，因此，必須好好珍惜自己可以「正常呼吸」的時候。

67、幹嘛要委屈自己「逆來順受」

「反正都已經習慣了」這句話，是我們不想去面對應該面對的問題，最好用的藉口。

二十幾年前，當我還在部隊服役的時候，曾經有一段時間，會固定到部隊的禁閉室，去跟那些因為犯了錯，進入禁閉室悔過的禁閉生上心輔課程，當時準備去上課的我心想，如果要讓那些禁閉生可以利用禁閉期間，坦然面對自己的問題和錯誤，必須用比較不一樣的上課方式。

因為，如果開門見山，就向這些禁閉生說：「犯了錯，就必須勇敢去接受和面對自己犯錯的事實。」我想這些禁閉生應該不會去理我所說的這些「大道理」，因此，最後我決定採用一種迂迴的另類說法，來讓這些禁閉生可以主動去面對自己不敢面對的問題。

我還記得當時在跟那些禁閉生上課時，一開始就跟他們說：「或許，你們常常會聽到長輩或師長們跟你們說什麼一個人如果要成功，就必須具備『逆來順受』的能力，但我卻認為幹嘛要那麼辛苦委屈自己去『逆來順受』呢？」

當我一講完「幹嘛要委屈自己去『逆來順受』」這句話，果然開始引起這些禁閉生的注意，有個禁閉生就舉手向我問道：「報告教官，我贊同你剛才講的，我們不要委屈自己去逆來順受，但能不能請問，如果不想讓自己『逆來順受』，那麼應該怎麼做呢？」

「嗯！剛剛這位同學的問題問得很好。」我說：「教官認為如果不想委屈自己『逆來順受』，就必須大聲地告訴別人，自己不論面對什麼困難和逆境，都能用『兵來將擋、水來土掩』的魄力，去面對那些別人只能『逆來順受』的問題。」

視而不見，不可能解決問題，一味逃避，更不能讓問題消失不見

其實，每個人在內心深處，都擁有一種與心靈或者是肉體「痛處」和平共處的能力，而這種忍受「痛處」的能力，有些人就把它解釋成是每個人與生俱來，都擁有的「逆來順受」的抗壓力。

但也就是由於這種習慣與「痛處」相處的「逆來順受」，讓我們放棄去找尋導致「痛處」的原因，甚至即便已經找到「痛因」，也不想去直接面對，因為我們會心想反正都已經「習慣」了，幹嘛還要再花費心思去面對呢？

「反正都已經習慣了」這句話，的確是當我們原本有能力去追究「痛因」卻不想去追究的最好藉口，不過，我認為真正造成不想去追究有能力追究「痛因」的問題，應該還是出在自己不敢去直接面對問題。

換句說，我們大都不想去揭開會讓自己再度心痛的「傷疤」，以及不想在已經「習慣」的傷口上，自找麻煩地灑下會再度讓自己疼痛的「鹽巴」。

因此，我們只好選擇做一隻將頭埋進沙堆的鴕鳥，對橫擺在眼前的問題，不僅視而不見，而且，還會自欺欺人地說，「反正都已經習慣了」。

但是，我們心裏比誰都清楚，視而不見，不可能解決問題，一味逃避，更不能讓問題消失不見。

被自己討厭的第67種勇氣：

認清「逆來順受」是一種逃避的藉口

「逆來順受」雖然是一種讓我們與「痛處」和平共處的抗壓力，但是這種「抗壓力」卻會讓我們養成逃避現實的負面習慣。

68、越來越不認識鏡子裏面的自己

當有一天我們站在鏡子前面，摘下面具之後，可能會突然對鏡子裏那個沒有戴上面具的自己感到陌生，然而，這才是真正認識自己的開始。

有一次，跟友人阿福聚餐的時候，阿福看到我除了揹一個筆電袋之外，還提了一個大袋子，於是，就用開玩笑的語氣問我：「幹嘛！沒事提那麼大一個袋子出門？袋子裏面都裝些什麼？」

當時，我笑著回答：「袋子裏面都裝著『面具』。」

阿福一聽到我回答袋子裏面都裝著面具，便一頭霧水地向我追問：「沒事，你帶著一大袋面具出門幹什麼，難不成，你晚上要去參加『化妝趴』？」

我見阿福應該沒聽懂我所講「面具」的弦外之音，因此，就向他答說：「我沒要去參加『化妝趴』，剛才我會說袋子裝滿『面具』的真正意思是說，我們每天一睜開眼睛，就必須用不同的角色去面對不同的人，譬如在家裏要用老公或爸爸的角色面對老婆或小孩，到了公司則是必須用主管或部屬的角色面對下屬或上司……」

語畢，我見阿福沒反應，便繼續說道：「而我們每次面對不同的人，就必須針對所面對的人，換上不同角色所需要戴的『面具』，因此，我們每天出門，能不拎一個大袋子來裝這些『面具』嗎？」

阿福聽完我的解釋，才恍然大悟地說道：「原來剛剛你只是在譬喻啊！跟你們這種作家當朋友還真累，總是喜歡繞一個大圈子，來閃躲別人的問題……不過話又說回來，剛才你講的面對不同人，要換上不同的『面具』，我倒是有點同感，這些年來，由於，我的工作是業務專員，每天要出去拜訪不同的客戶，回到公司還要敷衍主管和應付隨時都想在背後捅我一刀的小人同事，因此，在角色頻頻轉換，必須換上不同『面具』來因應的狀況下，都讓我快要不認識原來自己長什麼樣子了。」

我聽完阿福這段工作上的「牢騷」之後，立刻向阿福說：「嗯！恭喜你，因為，你已經開始認識真正的自己了。」

阿福回說：「我開始認識真正的自己？這話怎麼說？」

「因為，當我們越來越不認識鏡子裏面的自己時，才是真正認識自己的開始。」我用帶點哲學語氣答說。

對自己感到陌生，才是真正認識自己的開始

我們每天戴著不同面具來面對不同的人，如果有一天，站在浴室鏡子前面的我們，摘下面具時，會突然對鏡子裏那個沒有戴上面具的自己感到陌生，才是真正認識自己的開始。

因為，鏡子裏面那個沒有戴上面具的自己，才是潛藏在內心深處那個已經好久不見的「自己」。

被自己討厭的第68種勇氣：

勇敢脫掉掩飾自己的「面具」

每天扮演不同角色的我們，被迫必須戴著不同的「面具」來面對不同的人，以至於我們都快要幾乎不認識那個躲在「面具」後面的「自己」。

69、你為何不敢用「真面目」見人

有不少人因為沒有「化妝」，就不敢去面對攸關自己前途或幸福的人，因為，這些人深怕別人一見到自己的「真面目」，就會失望地轉身離去。

前些日子，編劇班同學在咖啡店跟我討論準備要送電視台劇本企劃案的時候，突然跟我說：「她有一個大學同學，最近跟她已經同居半年的男友分手了。」

我聽了，就問她：「妳那個大學同學，為了什麼原因跟她男友分手？是她男友暗地背著她養小三？還是她男友的前女友，突然回過頭來想找他復合？」

「都不是，我大學同學跟她男友分手的原因，講起來，其實還蠻有戲劇性的。」

編劇班同學說完，我便用有點好奇的語氣說：「是嗎？可以說來聽聽嗎？」

「當然可以，由於，我大學同學從大學開始，就對自己的長相沒有信心，每天早上起床都一定要花一個小時化妝，將自己化到跟原來的容貌『判若兩人』，才敢出門見人。」

「是嗎？那妳的同學未免也活得太累了吧！」我回說。

編劇班同學說：「嗯！我們大學的同班同學除了我因為跟她住在同一間宿舍，曾經看過她卸妝的素顏樣子外，其他同學在大學四年的時間，根本就從來沒有見過她卸妝之後的長相？」

「這事聽起來還蠻新鮮的，不過這跟她和她男友分手有什麼關係？」我問。

「當然有關係。」編劇班同學說：「因為，她每天早上起床一定要將自己化妝化到跟原來容貌『判若兩人』，才敢出門見人的習慣，一直延續到大學畢業進入社會工作，甚至延續到她交了現在跟她分手的男友。」

「妳的意思該不會是說……那個要跟她分手的男友，在跟她交往的期間，也從來沒有見過她卸妝的素顏樣子？」我問。

「嗯！完全正確。」編劇班同學答說：「她的男友在跟她分手之前，的確從來沒有見過她卸妝的素顏模樣。」

「這怎麼可能……」我用不解的語氣問說：「妳剛才一開始不是說妳大學同學已經跟她男友同居了半年，她男友怎麼可能沒有見過她卸妝的樣子。」

「因為，我那位大學同學對自己的素顏，超級沒信心，所以，打從她跟她男友認識開始，就是一直用化過妝的容顏跟她男友交往。」編劇班同學說：「甚至，在跟她男友同居住在一起，她因為怕男友看到她的素顏樣子，會跟她分手，因此，在同居的這半年時間，她都是在男友睡著後，再到浴室去偷偷卸妝，然後，在男友起床前一個小時，提早起床化妝，半年來如一日，從來沒有出過問題，」

「喔！既然從來沒出過問題，那後來為何還會分手呢？」我問。

「因為，兩個禮拜前，她的男友半夜尿急，起床上廁所，卻意外發現卸完妝的她，躺在他的旁邊，當時她的男友還一度以為這個卸完妝的她，會不會是那個走錯房間的鄰家女孩……」編劇班同學答說。

因為「外在」才跟你在一起的朋友，往往不會長久

其實，在現實生活中，有不少人因為沒有「化妝」，就不敢去面對攸關自己前途或幸福的人，因為，這些人深怕別人一見到自己的「真面目」，就會失望地轉身離去，甚至，對自己原本美好的幻想會因此破滅。

但是，這些人卻從來沒有想過，自己在別人面前「化妝」，不可能化一輩子，尤其是不可能永遠用化過妝的容顏去與準備要跟自己共度一生的人相處一輩子，因此，既然無法做到，那麼何不坦然地用自己的「真面目」去面對別人呢？

換句話說，即便看過你的「真面目」的人，真的因此失望轉身離開你，那就讓他離開吧，因為，這些人純粹是被你「化妝」過的外表吸引才跟你交往，而不是因為欣賞你的內在才決定跟你在一起。

被自己討厭的第69種勇氣：

用「真面目」去跟朋友交往

如果一開始就看到我們「真面目」的朋友，還願意跟我們繼續交往下去，才可能做一輩子的朋友。

70、你有多久沒有好好「看自己」

「自卑、絕望、恐懼、懦弱、虛偽、痛苦」，是我們最不願意從內在看到的「自己」，但卻是想過淡樂生活之前，最必須去面對的「自己」。

有一次，我在臉書上面，貼上了一句：「我們已經有多久時間，沒有好好地從自己心靈的『內太空』來練習看自己了……」的短文。

上述這句短文，才貼上去沒有多久，就有一位經常會上我的臉書幫我貼的文章或圖片按讚的網友，馬上在線上敲我，向我問道：「練習看自己？要怎麼從內在來練習『看自己』？」

於是，我就立刻敲著鍵盤，回應寫著：「要從內在練習『看自己』？首先必須先搞清楚內心那個『自己』長什麼『模樣』？以及我們到底要從心靈的『內太空』

練習看什麼？」

網友看見我的回應，隨即在線上將我回應的句子「剪下」，然後，貼在對話框反問我：「內心那個『自己』長什麼『模樣』？到底要從心靈的『內太空』練習看什麼？」

看到網友對這個問題好像頗有興趣，於是，我就敲著鍵盤回應寫著：「在回答這個問題之前，我可不可以冒昧地先問你一個問題？」

網友在線上回應：「當然可以。」

於是，我立刻在對話框寫著：「請問當你看到讓你心儀或暗戀的女孩，內心是不是有那種怦然心動的感覺？」

網友在線上回應：「嗯，沒錯！當我看到我們學校那個長得很像陳妍希的校花，心中的那頭小鹿的確會撞過來撞過去。」

我看到網友的回應文字後，便敲著鍵盤在對話框寫著：「嗯，你內心那頭撞過來撞過去的小鹿，就是你要從心靈『內太空』練習看的『自己』，換句話說，當你看到你們學校那個長得很像陳妍希的校花，內心那頭亂撞的『小鹿』，就是在那個當下，你內心『自己』所長的『模樣』……」

網友在線上看到我回應了一連串文字後，須臾了一會，隨即在對話框回應：「我懂了，你的意思是說我們從內心練習看的『自己』，只是當下受到外在事物影響的內在情緒反應！」

我們的「內在空」住了很多自己不想面對的「自己」

的確，我們從內在練習看的「自己」，並不是有形相的實體，而是一種內在因為受到外界影響，所產生的情緒反應。換句話說，我們從內在練習看的「自己」，不只一個面貌，而是會隨著自己的情緒有所變化，而這些內在的「自己」，有可能是自卑、絕望、恐懼、懦弱、虛偽、痛苦、懦弱、無奈……等等的化身，也就是說，每一個人的「內太空」，其實住了很多自己不想面對的「自己」。

被自己討厭的第70種勇氣：

面對自己原來的樣子

其實，我們隱約知道內心的那個「自己」長得什麼「模樣」？只不過我們都不想正面去面對而已！

國家圖書館出版品預行編目資料

變成自己曾經討厭的樣子 / 王國華作. -- 初版.
-- 臺北市 : 種籽文化, 2015.12
面 ; 公分

ISBN 978-986-6546-98-3(平裝)

1.人生哲學 2.修身

191.9 104025074

小草系列 11

變成自己曾經討厭的樣子

作者 / 王國華
發行人 / 鍾文宏
編輯 / 元 點
美編 / 黃聖文
行政 / 陳金枝

出版者 / 種籽文化事業有限公司
出版登記 / 行政院新聞局局版北市業字第1449號
發行部 / 台北市虎林街46巷35號1樓
電話 / 02-27685812-3傳真 / 02-27685811
e-mail / seed3@ms47.hinet.net

印刷 / 久裕印刷事業股份有限公司
製版 / 全印排版科技股份有限公司
總經銷 / 知遠文化事業有限公司
住址 / 新北市深坑區北深路3段155巷25號5樓
電話 / 02-26648800 傳真 / 02-26640490
網址：http://www.booknews.com.tw(博訊書網)

出版日期 / 2015年12月 初版一刷
郵政劃撥 / 19221780戶名：種籽文化事業有限公司
◎劃撥金額900(含)元以上者，郵資免費。
◎劃撥金額900元以下者，若訂購一本請外加郵資60元；
劃撥二本以上，請外加80元

定價：260元

種籽
文化

種籽文化